[illegible] [illegible]

[illegible] mi

hermana que ella

tanto quería y que

yo sigo queriendo

aunque ———

tu tía

Angelita

Santa Magdalena Sofía Barat

SANTA MAGDALENA SOFIA BARAT

Un símbolo blanco

POR

JOAQUIN L. ORTEGA

BIBLIOTECA DE AUTORES CRISTIANOS

MADRID 1995

La ilustración de la portada ha sido realizada por Trinidad Alvarez

© Biblioteca de Autores Cristianos
Don Ramón de la Cruz, 57. Madrid 1995
Depósito Legal: M-10026-1995
ISBN: 84-7914-167-0
Impreso en España. Printed in Spain

A toda la gran familia del Sagrado Corazón. A las religiosas y alumnas de ayer, de hoy y de siempre con mi felicitación por formar parte de ese «símbolo blanco» que es la vida y la obra de Magdalena Sofía Barat.

INDICE

PRESENTACION

Siempre he creído que los santos son árboles de hoja perenne. A salvo, por tanto, de los caprichos de las estaciones. Mientras que otros árboles mudan de hoja o se acomodan a las exigencias del clima apareciendo unas veces cubiertos de verdor y otras desnudos, los de hoja perenne mantienen siempre imperturbable su lozanía.

Así me pareció también la historia de Magdalena Sofía Barat. Cuando me acerqué a ella por primera vez, hace ya treinta años, me tocó en suerte escribir esa historia y pronto me llamó la atención la tensión de vida que circulaba por debajo de las fechas de su historia, de los lugares de su biografía, de los libros ya escritos sobre su vida y, sobre todo, de los hogares, conventos y colegios, abiertos por su fundación.

El itinerario que hice entonces para ir atando los cabos de esta historia me confirmó —lo mismo en Joigny que en Poitiers, en Grenoble que en París— que estaba no sólo ante la huella de una santa, sino también ante la estela de una santa viva. Y viva tanto en la memoria de sus hijas cuanto en la actualidad de su obra espiritual y educativa.

Ahora, pasados ya los años, percibo entre los pliegues de esta vida la misma sensación; Magdalena Sofía Barat, un árbol cada vez con más ramas y con más frutos, huele a vida y a sazón. Está visto que sigue siendo un árbol de hoja perenne. Por eso esta biografía aparece sustancialmente inmutada. Sólo con algunos retoques que parecían indispensables en razón del tiempo que ha pasado.

Cuando, cerrando el viaje que hice «en aquellos tiempos», visitaba en Jette (Bélgica) el lugar de su muerte y de su sepultura, me contaron allí una anécdota que figura en la última página de esta historia y que yo he querido destacar en el título de esta edición.

La Madre Barat tenía sus escrúpulos en aceptar la finca que le ofrecían para su última fundación. Era un «bien negro», es decir, fruto de una antigua usurpación del Estado, de una desamortización. El cardenal Sterck le quitó todos los reparos a Magdalena Sofía desafiándole a convertir aquel «bien negro» en un «bien blanco».

Así fue. Los santos, además de ser árboles de hoja perenne, han convertido en blancas muchas cosas negras en las que pusieron sus manos, Es también el caso de Magdalena Sofía Barat. Y tanto es así que su obra de vida religiosa y de educación humana y cristiana se ha convertido en todo el mundo, y hace ya dos siglos, en un «símbolo blanco». A esa capacidad transformante, enriquecedora y santificadora de la vida y de la obra de la Madre Barat he querido dedicar, como en un homenaje, el título de esta edición, MAGDALENA SOFÍA BARAT. Un símbolo blanco.

Para escribir y para revisar un libro siempre se reciben ayudas y asistencias que hay que agradecer. Lo haré sintetizando todos los agradecimientos, los de entonces y los de ahora, en sólo dos nombres —Victoria Pedrosa y Amparo Guerrero— que engloban, así lo espero, otros muchos en la misma agradecida amistad.

JOAQUÍN L. ORTEGA

SANTA MAGDALENA SOFIA BARAT

INTRODUCCION

—Y ¿usted?

—También a París.

—¿Por mucho tiempo?

—Pues no. En realidad, por muy poco. Creo que con quince días tendré suficiente...

—¡Quince días! ¡Lo mismito que nosotros! ¿Cree usted que serán bastantes para una luna de miel?

—La verdad es que yo no he pasado ninguna luna de miel ni en París ni en ningún otro sitio. Con todo, creo que quince días pueden dar mucho de sí.

Mi opinión parece que añade un gramo más de felicidad al matrimonio recientito que ha tomado asiento junto a mí. Son mejicanos los dos. Vinieron a casarse a España. Lo hicieron esta mañana, y ahora... volando a París.

Cuando uno emprende un viaje siente muchas curiosidades juntas. La primera, la más urgente de todas, es saber quiénes son los compañeros de excursión. O quizá antes, la de su destino. ¿Adónde irá cada uno? Viajando en avión, las incógnitas se simplifican. Por lo menos, la del destino. Todos se «posarán» en el fin del trayecto. ¡Qué remedio! Nuestro aparato vuela hasta París.

Mientras la gente busca su acomodo y los motores se ponen a punto entre crecientes zumbidos, me hago cargo de la compañía que me rodea. Junto a mí, feliz y contento, el matrimonio mejicano. Delante, una señorita rubia, muy pintiparada. Cuando la oigo hablar con su compañera, me entero de que es «profesora de belleza». Seguro que va a París a recibir el espaldarazo a su profesión. Detrás, dos tipos atildados que hablan parsimoniosamente. Apenas han tomado asiento y han tirado ya de carpetas y gráficos, que sostienen sobre sus rodillas. ¿Financieros? ¿Agentes de publicidad? ¡Vaya usted a saber!

Un poco más adelante, una señora opulenta con un perrito arropado entre pieles. ¿Es posible? Son las dos menos cuarto de la tarde. Madrid se achicharra bajo un sol implacable. La canícula ha vuelto y aplasta estos últimos días de agosto. Más allá, dos personajes altos, negros y lustrosos como dos fetiches de ébano.

¡Ah, y por fin, la figura del viaje! Cuando los viajeros a París bajamos a la pista para subir al avión, en el extremo oeste del aeropuerto, un batallón de fotógrafos montaba la guardia. ¿A quién esperaban? En seguida han hecho su alborotado corro en torno a un muchachote pelirrojo, que masca chicle, con aire tímido. Al vuelo he cogido su nombre y al vuelo también se me ha escapado. De todas formas, se trata de un cantante americano que vino, me explican, a actuar en televisión.

El avión va completo. Cada cual lleva su afán, su negocio, su tristeza quizá. Pero también hay felicidad en el viaje. Por lo menos, la de mis compañeros de asiento, los mejicanos.

Apenas he terminado mi recorrido visual, y ya tengo encima la preguntita.

—¿Va usted de vacaciones?

—¡Hombre, tanto como de vacaciones, no!

—¿A trabajar, entonces?

—Pues sí...

—Con quince días nada más, tendrá que hacer usted horas extraordinarias...

A la pobre mujer se le escapa la curiosidad por los ojos. Y con razón. Estoy jugando con ventaja. Yo ya sé sus planes, justo es que les informe de los míos.

—Pues verán. Yo, en realidad, voy a hacer algo así como una peregrinación...

—¡Caramba!

Los dos se miran extrañados. ¿Una peregrinación en reactor? No parece el sistema más austero para peregrinar. Y sin embargo, eso es lo cierto. Voy a seguir las huellas de una mujer santa. Casi me atrevería a decir que voy a reconstruir su vida. Llevo ya un nutrido bagaje de lectura. Para escribir una sola línea hay que haber leído muchas páginas. Ahora, en mi peregrinación, trataré de cerciorarme de muchas cosas. Dónde y cómo se hizo santa esta mujer. Cuál fue su contorno humano. Dónde está el secreto de su fecundidad. Eso es lo más grande. La fecundidad de los santos. Se me ocurre que un santo es como un árbol de hoja perenne. Siempre verde. Siempre atrayente. Por él no pasan los inviernos ni los años.

A todo esto, el avión ha levantado el vuelo. Por un momento se interrumpe la charla. Hay que escuchar el saludo de la tripulación y los datos del viaje. Hay que responder a la sonrisa de la azafata que distribuye generosamente caramelos y revistas.

Una vez arriba, cuando el aparato ha tomado altura, se afloja el cinturón. Ese peligro teórico que obligó a apretarlo está superado. Nuestra conversación entra en su apogeo.

—Y ¿decía usted que va a escribir la vida de una santa?

—Voy a intentarlo.

—Pero ¿de una santa antigua o moderna?

Me dan ganas de decir que los santos son eternos —eso, árboles de hoja perenne—, pero me callo.

—Pues más bien moderna. Porque, total, hace poco más de cien años que murió.

—Y ¿cómo se llamaba, si no es indiscreción?

—¡Magdalena Sofía Barat!

—¡¡Ah, no me diga!!

La joven esposa no ha podido disimular su sorpresa. Pero el más sorprendido soy yo ante el salto que ha dado en el asiento. Con los ojos encandilados me explica que ella ha sido alumna del Sagrado Corazón en la ciudad de Méjico. Me habla de las monjas, de los libros sobre la Madre Barat, de su colegio, de mil cosas. Es una perorata entusiasmada, feliz, matizada con esas suaves inflexiones que los mejicanos saben poner en sus palabras.

Mientras ella se entusiasma, yo pienso y escucho a la vez. Me intriga profundamente el secreto de la felicidad de los santos. De Magdalena Sofía Barat en concreto. Resulta que murió hace más de cien años, y sin embargo sigue viva. Su obra está en marcha en todos los rincones del globo. Forma una «gran familia espiritual» y a mi lado me encuentro con una de la «familia» que me lo confirma.

Ella habla y habla, enardecida. Y yo pienso casi a la misma velocidad que lleva el aparato. Cuando quiero darme cuenta, me ha comprometido ya a que le dedique el primer ejemplar del libro. De acuerdo, pero antes tendré que escribirlo. No nos vaya a pasar como a los personajes del entremés que discutían sobre el precio de las aceitunas antes de plantar el olivo.

La azafata nos sirve la comida. Esa comida aséptica de todos los viajes aéreos. Entre tanto, los mejicanos siguen acosándome a preguntas. A él le interesan, sobre todo, las etapas de mi viaje. Estaré en París unos quince días, efectivamente. Pero no fijo, ni mucho menos. Será como mi centro de operaciones.

Desde allí, mi peregrinación me llevará a los lugares que la Madre Barat visitó y frecuentó. Recorrer los «lugares» de un santo es como resucitarle un poco. El alma de los santos está como enredada en el paisaje, en el contorno que vio su santidad. Es lo que se siente cuando se visita Asís, por ejemplo, o Lisieux o Ars... Como si uno fuese a toparse de un momento a otro con el santo. Como si fuese a hablarle, porque los santos están vivos.

Los lugares de mi peregrinación serán Amiens, Grenoble, Poitiers, Joigny...

—¡Ah, cómo me gustaría visitar Joigny!

—Hagan un huequecito.

—¿Dista mucho de París?

—Ciento cincuenta kilómetros, en números redondos.

Los nombres y los lugares de esta peregrinación le son conocidos a ella. A él, en cambio, le interesa más el viaje como tal. Le explico. Después de recorrer las casas y los ambientes de «mi santa», las fundaciones que hizo, tendré que ir a Bélgica. En los alrededores de Bruselas duerme Magdalena Sofía el sueño de su fecundidad espiritual. ¡Jette! es el lugar santo.

Si los santos son, como algunas veces leí, sal que preserva al mundo de la corrupción, allí, en Jette, hay un puñado abundante. El cuerpo de un santo «consagra» todo su entorno. El buen olor de la santidad desborda el sepulcro y atrae a las gentes. Por eso, las súplicas, las peregrinaciones. Es como un faro que recuerda, a los que pasan cerca, dónde hay un puerto seguro. Por eso hay que ir a Jette. Por lo menos, para tratar de explicarse allí, ante el cuerpo que reposa de la fatiga de una vida ardiente, el secreto de su fecundidad espiritual.

La megafonía anuncia el paso por encima de Burdeos. Es bonito mirar desde arriba en un día claro.

Las nubes escasas y compactas, con la panza oscura, parecen algodón manchado. Allá abajo, las parcelas tan bien cultivadas recuerdan un elegante y lustroso entarimado. La ciudad se apretuja en torno a los edificios más salientes. Allí, la catedral, los parques dilatados, las chimeneas humeantes. Y a la izquierda, el mar. Todo el mar. Quieto. Sobre él parece anclada toda la calma calurosa del verano. En este mar, precisamente en este puerto, empezó una de las aventuras misioneras más valientes de la historia moderna.

De Burdeos partió una tarde de mayo de 1818 Filipina Duchesne. La «media alma» de la Madre Barat. Soñaba con las misiones entre los salvajes. Tuvo que esperar muchos años hasta que llegó el día de derramar su celo. Y aquí, en este mismo puerto, comenzó su aventura.

Mi compañera mejicana lo sabe.

—¡Ya lo creo! A nosotras, las americanas, es la página que más nos interesa de toda la historia del Sagrado Corazón. Téngalo en cuenta para su libro.

Y con razón. Burdeos fue el punto de partida. Luego, la fundación corrió por América, de arriba abajo, como un reguero de gasolina. Una siembra abundante de verdad. Y el grano de trigo inicial fue la Madre Duchesne. Una mujer con el corazón de un conquistador, el ánimo de un aventurero y la talla de una santa. Y yo me pregunto: ¿Cuántos conocen hoy su nombre y su aventura misionera? ¿Cuántos saben algo de la obra ingente de la Madre Barat?

En la sala de espera del aeropuerto me han dado ganas de hacer una encuesta fulminante. Hubiese preguntado a quemarropa: ¿Sabe usted lo que es un santo? ¿Conoce a alguno? ¿Cree que la santidad sirve hoy para algo en el mundo? Hubiese sido curioso.

Un aeropuerto es un mundo fascinante siempre. Un cruce de vidas y de caminos. Las gentes van y vienen. Entretienen una breve espera para saltar a otro continente. Cada cual trae su aire, su acento, su atuendo exótico. Esta mañana, los viajeros y los que iban de despedida o de recibimiento acusaban el intenso calor madrileno. Era un manojo de gente que escuchaba distraídamente los avisos trilingües. Ni el equipaje ni el asiento preocupan. Todo está previsto. Por eso flota un aire de indolencia. El aeropuerto es una estación sin nervios. Los únicos serán los del novato que a cada anuncio en inglés se sobresalta creyendo que acaba de despegar su avión. Por lo demás, un yanqui casi gigantesco, con su botella de whisky asomando en el bolsillo de su chaqueta. Una azafata que cruza con un bebé en brazos. Un obispo americano de acento dulzón y presencia noble. Y un grupo de campesinos vascos en trance de saltar a los Estados Unidos. Agentes de compañías que derrochan solicitud con los clientes. Camareros que se multiplican para llegar a todas partes con la Coca-Cola fría.

Nos llaman para embarcar. Y me quedo sin hacer la encuesta. Pero sí que hubiese sido interesante interrogar a aquel conglomerado variopinto de mujeres y hombres sobre la santidad y los santos. De entre ese puñado de gentes que por unos momentos coincidían en Barajas y que iban a dispersarse por los cinco continentes como la explosión de un gigantesco cohete, ¿habría alguno que conociese a Magdalena Sofía Barat?

He vuelto a pensarlo cuando la parsimonia de los viajeros que nos acercábamos al avión de París ha sido asaltada por los fogonazos de los fotógrafos que perseguían al cantante famoso. Seguro que su nombre está hoy en boca de todos. Hasta correría uno el riesgo de pasar por troglodita si dijese que no lo conoce. O más aún, que acaba de oír su nombre y ya lo ha olvidado. ¡Qué disparate! ¡Si está en pleno olor de multitud!

Pero ¿y el olor de la santidad, que es el que yo ando buscando? ¿No es un perfume más intenso y más duradero? ¿Cómo es posible, si no, que Magdalena Sofía Barat, muerta hace más de cien años, esté tan viva en el amor y en el recuerdo de tantos? Y la prueba está bien clara. A mi lado, sin ir más lejos. En las palabras de esta joven esposa mejicana que hace cálculos de horas y fechas, y fuerza a su marido para que la lleve a Joigny a toda costa. Y la prueba está también un poco más allá. Cuando la religiosa que me despedía en Chamartín me preguntó:

—¿Es usted el que va a escribir la vida de la Santa Madre?

—Efectivamente, el mismo.

—¿Y tendrá que recorrer todos los lugares y las casas que fundó?

—Pues sí. Ese es el plan.

—¡Pues quién fuera usted!

A todo esto, París está al alcance de la mano. El mejicano bromea diciendo que cuando el avión sube se nota abajo, en el estómago, y cuando baja se siente arriba, en la cabeza. Pero entre bromas y veras me apura sobre el final del viaje. Mi peregrinación terminará en Roma. Roma es el fin obligado de todos los caminos del espíritu. Yo no haré más que seguir a la Santa. Con respeto, con humildad. Con el temor de no acertar con las pinceladas justas para crear su retrato. La santidad es algo muy sutil, muy escurridizo. Uno advierte que existe pero es muy difícil determinar dónde está. De todas formas, habrá que intentarlo. Y por eso mi peregrinación tendrá su fin en Roma.

París, ya. Nos hemos «posado» a las tres y diez de la tarde. El calor aprieta sin contemplaciones. Al pie del avión, las despedidas de rigor. Y las promesas inevitables:

—¡No deje de mandarnos el libro!

—¡En eso he quedado, descuiden!

—Lo leeremos con mucho gusto.

—Muchas gracias de antemano.

—Y le haremos una buena propaganda.

De momento, lo que procede es empezar a escribirlo. Para eso estoy aquí. La peregrinación está en marcha. Y París, dormido. El autobús nos lleva al centro de la «ville». Atraviesa la ciudad solitaria. Las tiendas, cerradas; las aceras barridas. París debe de estar en el mar o en la montaña. En cualquier sitio menos aquí. Se nota que no han quedado más que los indispensables.

Pienso en Magdalena Sofía cuando vino a París, en el año 1795. Debió de encontrarse con la misma estampa de silencio y soledad. Pero los tiempos eran otros. Ahora todo se debe a las vacaciones estivales, esa institución sagrada de los parisinos. Entonces la razón del silencio era el miedo. Corrían los años del terror. La gente se mantenía sobresaltada en sus casas. La calle era escenario habitual de tropelías y desmanes. Sofía, con su hermano Luis, vino a caer por estos barrios que yo busco. Sus calles fueron el escenario de sus primeros pasos y de su obra. Yo tendré que ir resucitándolos ahora, uno por uno.

Pero lo primero será ir a Joigny. Las aguas hay que cogerlas de arriba, del manantial si puede ser. En Joigny empezará de verdad «nuestra peregrinación».

Santa Magdalena Sofía Barat

Rincón del oratorio de Sta.Magdalena Sofía, en la buhardilla de su casa natal, en Joigny

JOIGNY

Quien pretenda saber algo sobre la historia religiosa de Francia tendrá que venir a Borgoña. No creo que haya otra región en todo el país que pueda presumir de semejante embrujo espiritual. Aquí es difícil dar un paso sin toparse con un nombre evocador. Iglesias, monasterios afamados, recuerdos cargados de sugestión están sembrados con generosidad en esta comarca. Podría decirse que todos sus caminos han sido hollados por pisadas de santos. Borgoña es una región de santos. Unos nacieron en su seno, cristianamente tan fecundo. Otros vinieron de fuera buscando sus templadas soledades y aquí desplegaron su actividad espiritual. Hoy sería fácil reconstruir sobre estas tierras borgoñonas páginas enteras de la historia cristiana de Francia.

Aquí, sin ir más lejos, se encendió una de las luces más brillantes del medievo. El duque Guillermo de Aquitania ponía en el año 910 los cimientos de la abadía benedictina de Cluny. Entre sus muros fueron templándose los más decididos promotores de la reforma eclesiástica. Cluny fue renombrada por su vinculación a la Santa Sede y por su lucha sin cuartel contra la secularización de la Iglesia. Sus abades constituyen una larga y venerada estirpe espiritual. Odón, Mayolo, Odilón, Aimardo son nombres de primera fila en la tarea religiosa de la época. Pronto el fuego de Cluny desbordó los estrechos límites de la Borgoña. Los cluniacenses se extendieron por toda la cristiandad llevando a todas partes una chispa de rigor monástico que prendió en cuantos monasterios reformaron.

Cuando el tiempo y la prosperidad minaron el espíritu de Cluny, empezó a resonar por estos parajes una voz que llamaba de nuevo a la austeridad. Era Bernardo de Claraval, uno de los primeros partidos del país, que arrastró tras de sí a la flor y nata de la juventud borgoñona. Bernardo y sus monjes blancos hicieron del yermo de Citeaux un horno de fervor religioso aún más caldeado que el encendido por los monjes negros en Cluny.

Bernardo era una voz que hablaba desde el desierto, pero su eco se escuchaba con veneración en los palacios de los reyes, en los claustros de los conventos y hasta en las aulas de la Curia pontificia. Desde aquel escondido rincón de Borgoña, Bernardo fue el «árbitro de Europa». Nadie como él aconsejó a los papas y fustigó las licencias de los grandes. Movilizó al pueblo cristiano hacia Tierra Santa y enriqueció la piedad popular con las dulzuras de sus escritos.

Bien cerca de Citeaux, por cierto, está Vézelay, con su gran iglesia de la Magdalena. Por su severidad fue la preferida de San Bernardo y el modelo de las austeras iglesias cistercienses. En ella predicó Bernardo la segunda cruzada cuando corría el año 1146. Pero ya para entonces era famoso el nombre de Vézelay. Los peregrinos de Compostela lo habían paseado a lo largo del camino jacobeo.

Resulta curioso pensar cómo de aquí, de la Borgoña, saldría de la pluma, o mejor, del corazón de San Bernardo aquella devoción, toda ternura, a la humanidad de Jesucristo. Dominaban en la piedad medieval los acentos de una distante y obsequiosa servidumbre a Dios. La nueva devoción que San Bernardo cantó deliciosamente traía un vientecillo de confianza. Ya no era el Dios lejano, el Soberano Señor del universo. Era el Cristo familiar y cercano, pura dulzura para el alma. Y lo singular es que al cabo de los siglos volviese a brotar, aquí en Borgoña, el chorro de una nueva devoción a Cristo y precisamente a lo más precioso de su humanidad: el Corazón.

Nadie podía sospechar que en el silencioso convento de visitandinas o salesas de Paray-le-Monial elegía el Señor una monja para hacerla confidente de los deseos y ternuras de su Corazón. El mundo cristiano tuvo que volver de nuevo sus ojos al gran incendio que Dios había prendido en estas tierras. Margarita María de Alacoque se convertiría entre los muros de su clausura en maestra espiritual, en altavoz de los más íntimos secretos del Corazón de Jesús. Y Paray-le-Monial no ha pasado de moda. Aquí sigue acudiendo la gente en fervoroso tropel. Hay luz y calor aún entre sus muros, como hay luz y calor abundantes en ese otro pueblecillo borgoñés donde vibra todavía la presencia de un santo sacerdote. Ars es hoy otra de las grandes metas del espíritu. Aquí sí que se palpa aún reciente la huella del santo cura, estricto contemporáneo de Magdalena Sofía Barat. Aquí parece que se explica mejor el secreto de su vasta paternidad espiritual. Y, siempre, el impenetrable designio de Dios. ¿Cómo es posible que desde esta destartalada aldehuela llegase tan lejos el perfume de la santidad de Juan María Vianney? ¿Cómo es posible que esta desolada pobreza en que vivió y murió, y que continúa pegada a sus muebles y a sus cosas, pueda atraer a tanta gente? Nadie se lo explica.

Tampoco nadie hubiese sido capaz de barruntar los misterios que ocurrían en el alma de una carmelita de Dijon a principios de siglo. En este carmelo, entrañable como todos, vivió y murió Isabel de la Trinidad. Basta su nombre. Quien se haya asomado a su alma habrá experimentado el vértigo de Dios. Pocas criaturas habrán servido para demostrar tan palpablemente que El es un fuego devorador. Su carrera fue breve pero le bastó para abismarse en el misterio de la Trinidad. Ahí están sus escritos. Pasma la ingenua profundidad que chorrea en cada una de sus páginas.

Dijon dista muy poco de Joigny. Como también dista muy poco un lugarejo que se ha convertido hoy en un pujante centro espiritual: Taizé. Un convento más, ¡como si escaseasen en Borgoña! Pero Taizé no es un convento católico sino una comunidad protestante. Es la única en su género. Los monjes se entregan al trabajo y a la oración con un único objetivo: la unión de los cristianos. Taizé, en muy poco tiempo, se ha hecho un sitio bien caliente en la espiritualidad de nuestros días. Unos se acercan aquí con ánimo curioso, a ver cómo resulta el experimento protestante; pero acuden muchos más espíritus sinceros, de esos que buscan el camino con honradez. En Taizé hay espíritu, amor y buena voluntad. Lo demás, Dios y el tiempo lo dirán.

Pero ¿hará falta aducir más pruebas para demostrar que Borgoña es una región que atesora una fabulosa herencia espiritual? ¿Será necesario repetir que quien venga a Joigny tendrá que venir necesariamente en son de peregrino?

Joigny, punto de partida de la historia de Magdalena Sofía Barat, es ni más ni menos que la llave de la región. Las guías turísticas la llaman «el umbral de Borgoña». Su situación es estratégica. De París la separan unos ciento cincuenta kilómetros rodando por la ruta de Lyon.

Joigny es una ciudadela de unos diez mil habitantes. Está construida en forma de anfiteatro y se asoma coquetamente a las aguas del Yonne. Dista tanto de Sens como de Auxerre y tiene que ver con las dos ciudades. Auxerre es la cabeza civil y en Sens está la sede del Arzobispo y es la capital espiritual.

El paisaje de Joigny es abierto y transparente. Más suave que grandioso. Y más dulce que encantador. Quizá sea la mesura su rasgo principal. Colinas moderadas cubiertas de viñedos, verdes sembrados y sol. Mucho sol. El sol es en Joigny personaje habitual. De él se beneficia, sobre todo, el famoso «vino gris» que se solea plácidamente en el costado de St. Jacques, la colina que cierra como telón de fondo el panorama por detrás de la ciudad. Del sol son también buenos amigos los ricos caracoles de la tierra. Si en cualquier parte oye uno decir que los *escargots* de Borgoña son los mejores del mundo, aquí le dirán en seguida que los mejores de Borgoña son los de Joigny.

Para adentrarse en la población hay que pasar el río, un río solemne y pausado como lo son siempre los ríos franceses. La amplitud de su cauce le hace navegable un buen trecho y bajo el puente se cruzan las barcazas de transportes. Pasado el Yonne se encuentra uno en el corazón de Joigny. A simple vista, la ciudadela tiene una zona vieja, de calles apretadas y apoyadas en la ladera de St. Jacques. Si uno se abandona distraídamente por las callejuelas animadas de gente y comercios, notará en seguida sus construcciones características. Las viejas casas adornan sus fachadas con vigas en forma de barras que se cruzan elegantemente. Algunas lucen ricos y añosos trabajos en madera. Es notable «la casa de Jessé». El personaje bíblico está tendido en el suelo. Aprovechando la esquina que forma el edificio y partiendo del seno de Jessé, van subiendo por una y otra fachada las ramas del árbol en las que van alojándose los descendientes hasta rematar airosamente cerca del tejado, en la figura de María.

Las iglesias de Joigny son bellas. La más grande es San Juan, del siglo XVI. San Andrés es mucho más vieja, se remonta al siglo XI. Pero la que tiene mayor interés es la de St. Thibault por su vinculación con la vida de la Santa.

Por cualquiera de las retorcidas callejuelas mal empedradas de Joigny se desemboca en la colina de St. Jacques. Vale la pena subir a lo alto. Allí la familia

Barat tenía una viña y allí se conservan aún cepas abundantes. Desde arriba se alcanza todo el paisaje de Joigny. Los tejados que se apelotonan en torno a las torres de las iglesias. El *château* del siglo X, las típicas casas decoradas con figuras en madera. A lo lejos, la verde y dilatada llanura de Borgoña, y, en el fondo del valle, el río como dueño y señor.

Pero nada de todo esto constituye la verdadera riqueza de Joigny, su atracción. Lo que hace que aquí vengan las gentes es la casa natal de la santa del pueblo: Magdalena Sofía Barat. Joigny es, ante todo, eso: el pueblo de una santa. Como Asís, como Lisieux, como Caleruega, como tantos humildes lugarcillos esparcidos por el mundo.

La humilde casita de Barat se encuentra en una calle que se llamaba *des Puits Chardon* y que ahora lleva el nombre de Rue Davier. Sobre la puerta, señalada con el número nueve, hay una lápida que dice así:

> «EN ESTA CASA NACIO, EL 12 DE DICIEMBRE DE 1779, SANTA MAGDALENA SOFIA BARAT, FUNDADORA DE LAS RELIGIOSAS DEL SAGRADO CORAZON. MURIO EN PARIS EL 25 DE MAYO DE 1865. FUE CANONIZADA POR SU SANTIDAD PIO XI EL 24 DE MAYO DE 1925. HOMENAJE AGRADECIDO DE JOIGNY».

Cuando después de leer la lápida uno atraviesa el umbral, es como si iniciase una larga y jugosa aventura. Porque es el umbral de una historia de santidad.

Aquí vivían, efectivamente, a finales del siglo XVIII, los Barat. Jacques, el padre, tonelero, tenía en casa su pequeño taller y en la colina próxima unas viñas. Su esposa, Magdalena Foufé, procedía de una familia de honda religiosidad. Gente austera, rígida, que quizá por eso fue tachada de jansenismo.

A mediados de diciembre de 1779, dos hijos alegraban el hogar: Luis, el mayor, tenía once años y empezaba sus primeros estudios en el colegio de Joigny. María Luisa Magdalena contaba diez escasos.

Pero en la casa bullía una ilusionada esperanza. Faltaban sólo dos meses para que Mme. Barat alumbrase un nuevo hijo. La impaciencia hacía larga la espera después de diez años de deseos.

Así estaban las cosas cuando en la noche del 12 de diciembre se declaró un incendio en la casa contigua. Las llamas fueron dominadas pronto, pero el sobresalto adelantó la hora de Magdalena, que dio a luz una niñita, bien endeble por cierto. Tanto, que se pensó en bautizarla sin demora. Hubo que improvisar la ceremonia. Su hermano Luis fue el padrino. Y debió de darse cuenta a fondo de la responsabilidad que adquiría pues toda su vida ejerció sobre ella un apremiante padrinazgo.

El bautizo se celebró en la cercana iglesia de St.Thibault. Una lápida lo recuerda en la misma capilla bautismal. Allí hay también una vidriera de colores que recoge el momento del bautismo y el de la primera comunión. En otra capilla de la parroquia, una segunda vidriera presenta a la Madre Barat como fundadora, arrodillada ante el Sagrado Corazón y acompañada por San Luis Gonzaga y San Estanislao.

Entre las dos vidrieras se encierra, como en un paréntesis, la vida de Magdalena Sofía. Difícilmente podría sospecharse que aquella criatura nacida en semejantes condiciones sería la Madre de una gran familia espiritual. A ella le gustaba recordar que el fuego aceleró su nacimiento. Como si hubiera descubierto en él un secreto designio de Dios. Por eso cuando le preguntaban: —«¿Quién te ha traído al mundo?» —«El fuego», contestaba muy convencida.

Será o no coincidencia, pero resulta espontáneo pensar en aquel otro santo, Domingo de Guzmán, que nació también bajo el signo del fuego. Aquí, en el caso de Sofía no hay leyenda. Ni visión alguna, ni signo celestial. Pero sí un incendio. ¿Y qué otra cosa que un incendio de amor quiso provocar en su obra?

De la infancia de Sofía sabemos poco. Sus biógrafos, especialmente Mons. Baunard, perfecto y escrupuloso historiador, sólo ha consignado unas escasas anécdotas de su niñez. Todo debió de ser extraordinariamente natural, como lo fue siempre su vida y su persona.

Al repasar la vida de la Madre Barat, uno cae en la cuenta de cómo está marcada por la más absoluta naturalidad. Tal vez es éste el rasgo más acusado de su perfil espiritual. Dios había elegido a Sofía para una tarea fecunda. Y la había señalado como señala a todos los que elige. Pero el sello que Dios puso en Sofía fue totalmente interior. Su espiritualidad será como uno de esos ríos subterráneos. Una vena escondida que fertiliza hondos y bellísimos paisajes interiores.

El Padre Brou, que estudió a fondo su persona y su vida, escribió: «Precisamente su simplicidad es lo que la hace digna de ser propuesta como ejemplo. Nada de excepcional en ella, pero todo excepcionalmente profundo». Un juicio que da plenamente en el blanco.

De los años infantiles de Sofía hay una anécdota muy sugerente, que he recordado en el humilde jardincillo de la casa Barat. Estaba una tarde Sofía en el huerto. La familia cultivaba algunas hortalizas y bullían sueltos un puñado de animales domésticos: gallinas, patos y palomas. Un corderillo, que hacía las delicias de la niña, se acercó a ella, que estaba sentada en el suelo, y se tendió mimosamente a su lado. La escena debía de ser habitual. Su hermano Luis pasó por allí y le preguntó:

—¿Sabes qué está haciendo ese cordero?

Sofía debió de mirarle perpleja:

—Pues está sencillamente amando.

La escena y las palabras se grabaron muy hondo en el alma de la niña. De hecho, toda su vida se adaptó al estilo de amor del corderillo. Un amor humilde, quieto, sencillo, entregado...

Luis Barat era ya casi un reverendo. Pronto terminaría sus estudios en el seminario de Sens. Era Luis uno de esos temperamentos de una pieza. Sabía lo que quería. Se había propuesto ser sacerdote y preparaba su ordenación con ardor y valentía. Las dos cosas le serían necesarias. Por Francia corrían malos vientos, desatados por la furia anticlerical de los revolucionarios.

A la vez que su propia formación, Luis tomó a pecho la de su hermana, como si quisiera cumplir hasta el final su oficio de padrino. Supo detectar en ella unas raras condiciones de sensibilidad y firmeza. Y se empeñó en sacar brillo a ese buen metal a fuerza de restregones. Se convirtió en su preceptor y poco menos que en su superior. Los años que Sofía pasó en Joigny hasta 1795, estuvo siempre a la sombra de su hermano. Una sombra tan implacable como beneficiosa.

Después de la primera comunión, que Sofía hizo a los diez años, empezó la formación cultural a cargo de Luis. El había estudiado a fondo las Humanidades. Podía ser un buen maestro. De hecho, supo trasvasar a Sofía una cultura clásica poco corriente. Ella misma dijo en alguna ocasión: «yo era, por aquellos años, casi más virgiliana que cristiana».

La tierna poesía de Virgilio le resultaba particularmente atractiva. Las delicias bucólicas que canta el poeta, los acentos pastoriles de sus versos, el alborozo de la vendimia que describe, todo ello eran vivencias muy familiares.

Su admiración por los clásicos la acompañó siempre. En uno de sus múltiples viajes, muchos años después, y con ocasión de una estancia en Loreto, la Madre Barat se acercó a la playa de Recanatti. Nunca había visto el Adriático. Al contemplarlo, se encendieron en seguida la añoranza de las costas de Grecia y los recuerdos de la infancia. La Madre recitó allí algunos versos que recordaba aún y con sus monjas se divirtió tirando piedrecitas al mar al tiempo que decía: «llegaos hasta Grecia por mí...».

Las raras cualidades de Sofía animaron a su hermano a someterla a un régimen ambicioso de estudio. Se diría que contaba ya con convertirla en una gran educadora. Cuando superó las Humanidades clásicas, Luis la inició en el estudio de las lenguas modernas. Parece imposible todo esto para la mentalidad de entonces. Pero sabemos con certeza que Sofía se aplicó con empeño al aprendizaje del italiano y del español. Y sabemos más. *El Quijote* estaba entre sus libros preferidos y el castellano le parecía (la frase es suya) «una lengua para hablar con Dios».

Semejante programa de estudios no hubiese sido posible a sus años si Luis no hubiese extremado el interés e incluso la vigilancia. Sus padres, conocedores del espíritu y de las dotes de su hijo seminarista, le dejaban hacer. Las protestas de la madre menudeaban sin embargo. Entre ella y su hija existía una inocente complicidad que le permitía a Sofía burlar de vez en cuando la rigidez del horario. La madre le avisaba de las entradas y salidas de Luis, y Sofía abandonaba su rincón, allá en la buhardilla de la casa, para disfrutar de una expansión con sus amigas. Más de una vez tuvo que volver apresuradamente de la colina de St. Jacques ante el aviso de que Luis había regresado de Sens antes de lo previsto.

Con todo, las miras de Luis Barat iban mucho más allá de una formación humana para Sofía. La Providencia le había puesto a su lado para que la guiase con mano firme por los primeros pasos de la virtud. Luis entendía que su papel consistía en inculcar a su apadrinada el espíritu de la disciplina. ¿Exageró en ello? Algunos biógrafos opinan que sí. Él mismo

Mons. Baunard habla de «un exceso de celo por parte de Luis». Es posible. Lo cierto es que el afán de perfección que iba inculcando en el ánimo de la joven Sofía abocó en ciertas crisis de escrúpulos que la atormentaban, sobre todo, a la hora de acercarse a la comunión. Pero la mano de Dios tenía señalada la vida de aquella muchacha. Eso es indudable. Ya llegaría el momento de ponerla en otras manos más suaves. Luis dio a Sofía el espíritu de disciplina. Sería la mejor tierra para sembrar a puñados el celo apostólico, el amor entregado, la santidad difícil.

El hecho es que Luis supo descubrir las profundas capacidades espirituales de su hermana. A medida que iba adentrándose en la juventud se hacía más clara su inclinación hacia Dios. Pero ¿cuál sería su camino?

Un día, Luis, para mortificar su orgullo, le dijo con dureza:

—¡Tú nunca llegarás a ser santa!

A Sofía le dolió el reproche y pensó: «me vengaré agarrándome a la humildad».

La humildad fue, efectivamente, uno de los amores de su vida. Podría traerse a cuento un verdadero manojo de florecillas arrancadas de cada página de su vida y perfumadas de humildad.

El pensamiento, la decisión de ser santa, iba siendo en ella una constante. Por algo escribió en aquellos tiempos: «Los santos me asustan, pero todos tienen un lado por donde podría acercarme a ellos. Es la humildad».

Luis ya había terminado sus estudios en el seminario de Sens. Su temprana edad le imponía una obligada espera. Eran tiempos difíciles. En el aire estaba el olor de la tragedia que se cernía sobre Francia. Mientras llegaba el momento de su ordenación, encontró un medio de entretener sus deseos aceptando el cargo de regente en el colegio de Joigny, donde había estudiado de pequeño. Los primeros fogonazos de la Revolución le sorprendieron entregado a sus tareas docentes. El ruido del 14 de julio en París llegó a toda Francia. Su situación como diácono era comprometida dado el cariz antirreligioso que tomaban los acontecimientos.

Luis dio pronto pruebas de ser un hombre de hierro. Bernoville dice que era «áspero como un padre del desierto». Y con razón. Si condujo con dureza el alma de Sofía, reservó para la suya las mayores exigencias. Los tiempos requerían un temple de acero. Luis no lo ignoraba. Y pertenecía a esa «gente dispuesta para morir» de la que hablaba Tertuliano refiriéndose a los cristianos.

Los acontecimientos se precipitaron. Nadie imaginaba que la Revolución rodaría tan de prisa. En 1790, un decreto de la Constituyente puso a Luis ante un dilema doloroso. El gobierno revolucionario ya había asestado otros golpes a la Iglesia. El primero fue la secularización de todos los bienes eclesiásticos. Después vino la ofensiva contra las órdenes y comunidades religiosas que vació los conventos de Francia. El tercer mandoble pretendía nada menos que la creación de una Iglesia civil y nacional. Para esto se promulgó la Constitución Civil del Clero el 12 de julio de 1790. Obligaba a todos los clérigos a firmar que se consideraban ni más ni menos que funcionarios del Estado. Eso significaba la secularización del ministerio, la ruptura con Roma. El cisma, en una palabra.

A Joigny, como a tantos lugares de la campiña francesa, llegó pronto el decreto, pero no sin un cortejo de perplejidades. ¿Qué hacer? La Constitución estaba aprobada por algunos obispos. ¿Era válido un juramento emitido bajo la presión del terror?

En semejantes circunstancias, Luis Barat no podía hacer otra cosa que inspirarse en la conducta de los sacerdotes vecinos y, sobre todo, en la de su prelado.

Era éste Mons. Lomenie de Brienne, que, junto con el célebre Talleyrand y los obispos de Orleans y Viviers, se apresuró a jurar la Constitución. Frente a ellos, un bloque compacto de ciento veintisiete prelados prefirió la deposición y la pérdida de sus dignidades a prestar el juramento.

El clero de Sens se sintió desconcertado ante el paso que acababa de dar su obispo. La ignorancia de todo lo que ocurría, unida al miedo en algunos y en otros a un elemental sentido de sumisión, hizo que muchos de los clérigos diocesanos se decidieran a firmar la Constitución. Luis estuvo entre ellos.

La reacción de Roma no se hizo esperar. Los documentos pontificios condenaban el decreto de la Constituyente, declaraban su radical invalidez y exigían a los clérigos retractarse bajo pena de excomunión.

A Luis Barat se le abrieron los ojos. No dudó ni un solo instante. En el archivo de la villa de Joigny se conserva el documento que el joven diácono dirigió, de su puño y letra, al Ayuntamiento declarando nulo su juramento. El paso era muy arriesgado. Para los clérigos no había más opción que el juramento o la ejecución. La sombra de la guillotina se alzaba macabramente. Luis recibió inmediatamente el cese en el colegio. Pero se quedó escondido en Joigny por un tiempo que no pudo ser muy largo. El ambiente estaba muy enrarecido y se decidió por emigrar a París. Allí podría esconderse fácilmente. La separación fue muy dolorosa para todos. Especialmente para Sofía. Su hermano era ahora, ante sus ojos, un auténtico héroe cristiano. Su temple y su decisión le habían despertado una intensa admiración. ¿Qué haría ella sin su consejo, sin su cariño, incluso sin su rigor implacable?

Sofía iba aclarando sus ideas. Las circunstancias obligaban a madurar de prisa. Francia se había convertido en la madriguera de la Revolución, lo sabía, pero ignoraba que su país sería también el hogar de la restauración y que ella misma estaba destinada a jugar un papel importante en la tarea.

De momento, Sofía pensaba en hacerse religiosa. Era el fruto espontáneo de la piedad de su casa y de la fuerte presión espiritual a que la sometía su hermano. El Carmelo estaba en su horizonte. Pero el martirio de las carmelitas de Compiègne acababa de estremecer a toda Francia. ¿Qué hacer? ¿Hacia dónde dirigirse?

Mientras, la situación de Luis en la capital se había agravado. Corría el mes de mayo de 1793. El diácono, que se dedicaba a dar clases, fue delatado por un vecino de Joigny que lo encontró en la calle. Un «no juramentado» era candidato seguro a la prisión y muy probablemente a la guillotina. Luis, encerrado en la *conciergerie*, empezó a recorrer desde allí un largo y penoso vía crucis. Durante veinticinco meses largos fue rodando de prisión en prisión. Era la época del terror. Más de cuatrocientos sacerdotes y algunos obispos subieron al cadalso en sólo cinco días. La muerte se tocaba con las manos.

A pesar del sobresalto y la angustia de esos meses, Luis tuvo ocasión de conocer y admirar en la cárcel a algunos sacerdotes cuyo temple influirá decisivamente en su futura orientación. Allí maduró Luis su idea de hacerse jesuita. La Compañía estaba entonces disuelta y suprimida en toda Europa, si bien se movían en todos los países numerosos grupos clandestinos que, agrupados bajo otros nombres, esperaban tozudamente la restauración de su Sociedad.

La noticia del encarcelamiento de Luis llegó pronto a Joigny y sembró la angustia en la casa de los Barat. Para entonces, la hermana mayor, María Luisa, se había casado con un comerciante del pueblo. Sofía tenía catorce años y entendió que sólo ella podía ser el consuelo de sus padres. Durante la larga cautividad de Luis, Sofía extremó su cariño. Nunca como entonces se sintió tan unida a su madre. Mujer de gran sensibilidad, necesitaba continuas muestras de afecto. Sofía supo dárselas y supo también ponerse al frente de la casa, pues su madre sufría frecuentes crisis de abatimiento.

Luis había enviado desde París, antes de su prisión, dos estampas de los Sagrados Corazones de Jesús y de María. Sofía y su madre se acostumbraron a rezar ante ellos y encomendarles sus temores y esperanzas. ¿Prendió entonces en el alma de Sofía el amor al Sagrado Corazón, ese amor que pronto sería una hoguera?

El día que Luis recobró la libertad fue para los Barat un día feliz. El, por su parte, había madurado en la oscuridad de la cárcel su vocación y, recién salido de ella, se apresuró a recibir la ordenación sacerdotal clandestinamente. No podía ser de otra manera.

Pero ¿cuáles eran sus proyectos? Decepcionado, tal vez, por no haber sufrido el martirio, parece que estaba dispuesto a marcharse a las misiones de ultramar. En tanto que llegaba el momento de cumplir sus planes, Luis volvió a Joigny. Le preocupaba, sobre todo, la futura orientación de Sofía. ¡Había visto tan claro en la forzada oscuridad de la cárcel!

Se encontró con la sorpresa de que su hermana, a los dieciséis años, poseía una rara madurez. Se la habían dado los últimos acontecimientos. Pero se dio cuenta también de cómo, en su obligada ausencia, la muchacha había aflojado la tensión de su espíritu. Luis le propuso trasladarse con él a París. Una bomba no hubiera caído peor en casa de los Barat. Sofía, durante la última temporada, se había convertido en el alma y vida de aquella familia.

A ella, particularmente, no le disgustó del todo la proposición. A sus ojos, la estatura espiritual de Luis había crecido desmesuradamente. Era ni más ni menos que un mártir o, a lo menos, un confesor de la fe. Sofía estaba orgullosa de él. Sin embargo, la oposición familiar fue tan rotunda que Luis tuvo que regresar solo a París. Pero era un hombre de tesón. Lo había demostrado suficientemente. Y desde la capital inició una larga y frecuente correspondencia con su hermana.

Las cartas de esta época no han llegado hasta nosotros. Es un bache lamentable en la historia de Sofía. Pero cabe presumir su contenido. Luis se dio maña para abrir brecha en el ánimo de sus padres y reforzar la decisión de Sofía. El pretexto para arrancarla de Joigny era el de su formación incompleta. Allí no podía progresar. Pero las intenciones de Luis iban mucho más lejos.

Por fin cedió la resistencia familiar y Sofía fue a acomodarse a París a la sombra de su hermano. Era el año 1795. Sofía volvería a Joigny varias veces, sobre todo en los primeros años y con ocasión de las vendimias. Era una de las condiciones para dejarla partir. Pocos años más tarde, las visitas dejaron de menudear.

En realidad, sólo los dieciséis primeros años de Sofía están encerrados aquí, en esta humilde casita de los Barat, con todo su encanto y su atractiva simplicidad.

La casa, en la que es tan fácil resucitar los recuerdos de su infancia, se conserva intacta. Tal como ella la conoció. Las manos de sus monjas han cuidado amorosamente de que todo esté en su sitio y nada traicione la olorosa pequeñez de la casa de Joigny.

Aquí, todo es pequeño, elemental. Hay un encantador culto a la pequeñez. La casa es diminuta. Al atravesar la puerta que da a la calle Davier, y sobre la que está la lápida, se entra en un pequeño zaguán. En esta parte baja estaba el taller del tonelero Jacques. Al fondo, una estancia que sin duda era el corazón de la casa. En ella, la campanuda cocina adosada a la pared. Las vigas de antaño están aún al aire. Todo conserva un limpio sabor de austeridad. Hasta la comida que en esta pieza me han servido las monjas. Verduras del huerto de Sofía, pan, queso y vino de Joigny.

Una escalera de caracol, que parte del zaguán, conduce al piso. Sólo dos habitaciones hay en él. Una para el matrimonio. La otra, con ventana al huertecillo posterior, la de Luis. En ésta nació Sofía la noche del fuego. Arriba, en las habitaciones abuhardilladas del desván, está el santuario de la casa, si bien la casa entera es un santuario. En la primera es donde la muchacha vivía y estudiaba. Tiene una pequeña ventana a la calle y se divisa enfrente el Ayuntamiento, y a la izquierda, la colina de St. Jacques. Hoy está transformada en un pequeño oratorio que conserva todavía parte del empapelado de entonces con figuras geométricas y flores de gusto campesino.

Las paredes tienen lápidas y placas que perpetúan el agradecimiento de muchos. ¡Y qué revelador resulta repasarlas aquí, en la pequeñez de la casita de Sofía! De los más remotos rincones del mundo han llegado. Son el testimonio de la grandeza y la vitalidad de una obra cuyo fundamento es precisamente la pobreza y la sencillez de la mansión de los Barat.

Al fondo de la estancia, un simple altar de mármol con el cuadro clásico de la Santa. Parece que se hubiese deseado aquí algo más vivo: su verdadero retrato. Pero la Madre Barat nunca quiso saber nada de fotografías.

La Madre Paulina Perdreau, autora de *Mater Admirabilis*, cuenta cómo, en los últimos años de la Fundadora, sus hijas quisieron obtener una fotografía con los medios rudimentarios de entonces. La Santa se opuso, y ellas, decididas a conseguirlo a toda costa, prepararon los trastos para hacerlo a hurtadillas. Pero el ruido y el trajín pusieron sobre aviso a la Madre y el retrato se quedó en agua de borrajas. Porque, según ella, no eran sus rasgos los que interesaba fijar, sino su amor por cada una de sus hijas, y eso la fotografía era incapaz de reproducirlo. La fotografía estaba entonces recién inventada, y por cierto que el invento se hizo bien cerca de Joigny. Cuando uno atraviesa Borgoña pasando por Châlons-sur-Soane, encuentra una finca cerca de la carretera y, en ella, un gran cartel que recuerda cómo allí inventó la fotografía Nipce en 1822.

La casa de Joigny tiene, además, un huertecillo trasero con el espacio justo para cuatro hortalizas y unos cuantos animales domésticos. Se le han añadido los jardines de las dos casas colindantes que las religiosas han comprado para vivir en ellas. Aun así, todo es estrecho, simple, reducido, limpio, pobre. La superiora me dice que ellas son «gente pequeña al servicio de los sencillos y pequeños de Joigny».

Cuando me ha ofrecido el libro de visitantes para que firme no he podido menos de escribir: «¡Qué verdad es que Dios escoge a los pequeños para realizar sus cosas grandes!».

Las religiosas del Sagrado Corazón están aquí desde 1894. Las leyes antirreligiosas de 1902 las obligaron a ausentarse. En 1927 volvieron definitivamente a esta casa, que, para ellas, conserva las esencias más puras de la Fundadora. Forman una pequeña comunidad que mantiene la casa como un relicario, con una reluciente pobreza que cautiva. Ayudan en la pastoral de la parroquia de St. Thibault, donde Sofía aprendió el catecismo y se ha formado un centro de espiritualidad al servicio de la diócesis.

Cuando la visita a la «santa casa» está concluida y uno vuelve a perderse por las callejuelas mal empedradas de Joigny, se lleva en el alma una diáfana sensación de bienestar. Ver las cuatro paredes donde cobró realidad una vida santa es siempre emocionante. A veces, hasta puede imponer. Aquí no. En torno al recuerdo de Magdalena Sofía Barat, todo ha quedado definitivamente humilde, fácil y pequeño.

En esta pequeñez hay que buscar la simiente del gran árbol que después extendió las ramas por todo el mundo y, como en aquellas de la parábola, en el que se han posado tantos pájaros desde hace casi dos siglos.

¿Cómo no pensar en esta sorprendente fecundidad cuando uno vuelve a detenerse ante la vieja casa decorada con el tronco que sale del seno de Jessé?

PARIS

París esperaba a Sofía, la hija del tonelero de Joigny. Casi sería más justo decir que era Dios quien esperaba a aquella muchacha y que había fijado París como lugar de cita. Dios suele guiar los pasos de sus elegidos por caminos tan seguros como inciertos. A quien ha sido señalado por El, no le queda más que ponerse a caminar. Sin saber a ciencia cierta dónde va, pero consciente de que alguien, un guía muy seguro, lo lleva de la mano.

En la partida de Sofía de su casa de Joigny sólo una cosa hay que sea clara: que la mano de Dios andaba de por medio. Todo el resto es oscuro. Más aún, inexplicable. ¿Cómo pudo abandonar a sus padres, cada vez más prendados de ella, que se había hecho imprescindible en la casa? ¿Cómo pudieron ellos mismos autorizar la marcha de su hija precisamente a París, polvorín de la Revolución, convertido en un gran matadero? ¿Qué interés podía tener Luis en arrancar a su hermana de la sosegada paz de su casa para llevarla hacia una meta más que desconocida, inexistente? No hay explicación posible a todos estos interrogantes. A no ser la de que Dios se complacía en manejar a su capricho los complicados hilos de la trama. Mientras Sofía llegaba a París, El haría que los caminos de otros elegidos suyos se enderezasen al mismo lugar. Dios preparaba en París un encuentro. Ocurrió como sucede siempre. Las cosas iban a parecer espontáneas, naturales, hasta casuales. Y, sin embargo, El estaría detrás, escondido.

Cuando Luis y Sofía llegaron a la capital en 1795, París debía de ofrecer el aspecto que presenta el bosque después de un vendaval. La Revolución lo había arrasado todo. La ciudad era como un gran incendio dominado ya, pero sin sofocar enteramente. Bastaba cualquier pretexto para que el fuego se avivase de nuevo. Los nobles y los clérigos se mantenían ocultos. Algunos, muchos, habían logrado huir. Otros, y no pocos por cierto, habían muerto. «Su majestad la guillotina» imponía aún el régimen del terror.

Cierto es que desde el primer reventón revolucionario habían pasado ya seis años largos. Sin embargo, las aguas no habían vuelto todavía a su cauce. La furia sacudía de vez en cuando su melena y la sangre corría abundantemente por París. En el aire está aún el dolor de las horribles matanzas del 92. Las convulsiones políticas habían impedido hasta el presente restaurar la paz y el orden a los sucesivos gobiernos.

La llegada de los hermanos Barat a París coincidió con la instauración del Directorio. Cuatro años duró su mandato. El Directorio, como las anteriores fórmulas de gobierno, fue incapaz de desterrar el desorden y la violencia.

La situación religiosa mejoraba, no obstante. La abolición oficial de la religión católica, decretada por la Convención y que costó tantas vidas, fue rectificada. Desde principios del 95 existía la libertad de cultos. No era, ni mucho menos, la restauración, pero la Iglesia podía empezar a respirar. Los templos iban abriéndose poco a poco. Sacerdotes y religiosos salían tímidamente de sus escondrijos. Las fronteras del país veían el regreso de los emigrados. Pero era una paz precaria, como prendida con alfileres. La Revolución coleaba aún y sus coletazos volverían a dejarse sentir con frecuencia. La historia de las ejecuciones y los destierros no se había terminado.

¿Cuál pudo ser la impresión que recibió Sofía a su llegada a la capital? ¿No era aquello meterse en la boca del lobo? Los pasos de la muchacha eran firmes, pero llevaban aún un rumbo desconocido. Y desconocidos son también en gran parte para nosotros. Estos primeros años de París son los peores documentados de su vida. Se encierran en una tónica de silencio, de callado y fecundo laboreo interior. Un poco como ese silencio de la naturaleza en invierno cuando el crecimiento es sólo hacia adentro. El silencio de la semilla en el surco o de la savia en la entraña del tronco.

De la mano de Luis llegó Sofía al barrio de Marais. El conocía allí, de su anterior estancia en París, a una buena mujer que les dio hospitalidad. Alojar en aquellas circunstancias a un sacerdote no juramentado como Luis, era comprometerse en serio. Pero Mlle. Duval era una buena y valiente cristiana. Cualquier riesgo le parecía pequeño comparado con la alegría de tener en su casa la misa diaria que celebraba Luis medio a escondidas.

La casa de Mlle. Duval estaba enclavada en el número dos de la calle de Touraine. Muy pocos metros la separaban de la cárcel de la Bastilla. Aquel imponente presidio, amurallado como una vieja fortaleza medieval, simbolizaba el despotismo monárquico. Entre sus paredes sufrían condena los detenidos por las célebres *lettres de cachet*, un procedimiento en virtud del cual la autoridad real saltaba las barreras de la justicia.

Por eso, en la mañana del 14 de julio de 1789, cuando las furias de la Revolución se desataron como una galerna, las primeras olas fueron a estrellarse contra aquella fortaleza. La marea subió rugiendo por la calle de San Antonio. Los gritos, los disparos y la sangre de aquella mañana no eran más que el preludio. Mlle. Duval pudo contemplar desde su misma casa el primer acto de la tragedia.

A cuatro pasos de su alojamiento tenían los hermanos Barat el «Hotel de Tournelle», que vio a los personajes reales del siglo XV y XVI entre sus paredes y que se construyó bajo las órdenes de Catalina de Médicis a la muerte de su marido Enrique II, derribado allí en un torneo. Un poco más allá, la gran Plaza Real, hoy de Los Vosgos, con el soberbio palacio edificado por Enrique IV en 1605. Era entonces la plaza más monumental de París. En sus alrededores habían habitado Mme. de Sevigné, Bossuet, Richelieu... Nombres y recuerdos, todos ellos que, a la llegada de Sofía, despertaban más odio que entusiasmo.

En este barrio aristocrático discurrieron los primeros años parisinos de Magdalena Sofía. En París iba a consumir muchos años de su vida alentando la obra del Sagrado Corazón. París sería el lecho de su muerte y la tierra de su primer reposo. Pero todos los sucesos posteriores ocurrieron lejos de este *quartier de Marais*, donde es tan difícil hoy localizar la presencia de la santa.

Allí, en la casa de Mlle. Duval y bajo la dirección de su hermano Luis, el programa no podía ser muy diverso del que regía en la casa de Joigny. Luis daba algunas clases y controlaba la formación de Sofía. Ella dedicaba largos ratos al estudio y lectura de los Padres y Doctores de la Iglesia. El ideal de la vida religiosa iba acentuándose cada vez más en su interior.

Con el fin de aprovechar las lecciones del sacerdote Barat solían acudir a la casa algunas personas piadosas. El clima religioso que imperaba imponía a semejantes actividades una prudente clandestinidad. Entre las más asiduas visitantes estaba Mlle. Loquet, persona de cierta cultura y de mucho celo que encontraba en aquellas reuniones un fuerte atractivo espiritual. Algo semejante le ocurría a otra joven que menudeaba las visitas a la calle Touraine. Se trataba de Mlle. Octavie Bailly. De muy distinguida familia de

Fachada de la casa natal de Magdalena Sofía (Joigny)

Escalera de acceso a la buhardilla de la casa Barat. Abajo, el taller del padre, el tonelero Sr. Barat

provincias, había tenido que refugiarse en París con su madre y una hermana. De los hombres de su familia había dado cuenta la Revolución. En París, las Bailly, cristianas de verdad, se dedicaron a correr graves riesgos. Dieron escondite a sacerdotes perseguidos, procuraban los sacramentos a los moribundos y preparaban a los niños para la comunión. Octavia suspiraba por salir de aquel cristianismo «de catacumbas» y por hacer entrega libre y espontánea de su vida a Dios.

El Señor iba haciendo que se cruzasen las vidas de unas y otras en aquel oasis, en medio de la turbulencia de París. Luis Barat se había convertido en una especie de director espiritual de todas. Teniendo él las riendas, ya puede suponerse que la austeridad y el rigor eran ley.

Que todas ellas suspiraban por la «clausura» es fácil suponerlo. La idea del Carmelo saltaba con frecuencia en la conversación. Pero los tiempos seguían difíciles. Mientras no se viese luz en el horizonte, la consigna de Luis permanecería en pie. Había que prepararse con el trabajo y la oración.

Sofía se ocupaba, en efecto, de las labores de casa y trabajos de bordado. Con ello y el producto de las clases que daba Luis podían pagar la pensión a Mlle. Duval.

Pero el mismo Luis pasaba entonces por una honda crisis interior. El sacerdocio reciente le acuciaba. Su temperamento ardiente, arrojado, aguantaba con dificultad las obligadas cautelas en que tenía que vivir. Luis no veía camino abierto en aquellas circunstancias religiosas que atravesaba su patria. No tenía temple para esperar, como su hermana, en la humildad y el silencio. Había que hacer algo. Había que acabar con aquella engañosa libertad de escondido.

Durante sus meses de cárcel, había conocido a muchos sacerdotes y religiosos. Con ellos había compartido las largas horas de sufrimiento. El sabía que bajo la ceniza se escondía un rescoldo ardiente. La restauración religiosa se fraguaba allí, en la oscuridad, mientras la Revolución triunfaba en la superficie.

A principios del año 1800, Luis fue presentado a un sacerdote que se afanaba por reunir fuerzas dispersas para una vasta labor. Era José Varin. Su espíritu y el de la obra que traía entre manos eran los de San Ignacio de Loyola. Pero la Compañía de Jesús estaba suprimida por decreto papal desde 1773. De momento, no se vislumbraba el fin de la prueba. Había que esperar pacientemente.

Luis se sumó a la lista de sacerdotes del Padre Varin. Se agrupaban bajo el nombre de «Padres de la Fe». Alguno de ellos bromeaba diciendo que sería mejor llamarse «padres de la esperanza» puesto que todos la tenían puesta en el restablecimiento de la Compañía.

Mientras Luis daba un paso tan importante, Sofía se encontraba en Joigny. Sólo al precio de que volviese de vez en cuando, y sobre todo durante las vendimias, le habían permitido sus padres que se marchase de casa.

Los planes de Varin eran ambiciosos. Y en ellos tenían cabida las mujeres. Luis vio la oportunidad de dar cauce al espíritu de Sofía y habló de su hermana al celoso sacerdote. El Padre Varin quiso hablar con ella inmediatamente. Pero la hora no había sonado aún. Sofía, de vacaciones allá en su rincón de Borgoña, ignoraba que se acercaba la hora de la cita fijada por la Providencia. Dios conducía ya hacia el encuentro las vidas y los caminos que habían de coincidir en esta cita.

El P. Varin recalaba entonces en París, tras una larga y azarosa aventura espiritual. Tenía poco más de treinta años y en su vida estaba también el dedo de Dios. José Varin había nacido en Besançon. Su familia era noble y acomodada. Los años jóvenes de Varin habían sido bulliciosos. Sus brillantes cualidades le hacían triunfar con facilidad en las carreras, en las aventuras, en las reuniones, en la caza. Nadie esperaba el rumbo que, de pronto, imprimió Varin a su vida. En plena juventud se vino a París y entró en el seminario de San Sulpicio, que por entonces dirigía Mons. Emery. José puso sus grandes cualidades al servicio del estudio y de la disciplina espiritual. Pero su temperamento se acomodaba con dificultad a la vida metódica del seminario. Por otra parte, en París olía ya a pólvora. La Revolución estaba a punto de estallar. José Varin salió de París el mismo 14 de julio, cuando los primeros gritos se oían en la calle y las escarapelas tricolores se ponían en marcha hacia la Bastilla.

En Besançon, como en todas partes, resonaron en seguida las gritos de los insurrectos, y la familia Varin, en concreto, se vio abocada a un largo camino de amarguras.

El ardor y los años de José no podían encontrar, por entonces, otro cauce mejor que la guerra. Se alistó en una compañía de dragones y en la armada de Condé dejó constancia de su valor durante las campañas de 1792 y 1793. El ruido de las armas iba debilitando en su espíritu el recuerdo de los años de San Sulpicio. José Varin estaba en su elemento. Por nada del mundo hubiese cambiado su uniforme de oficial. Su ambición militar le llevó a Bélgica a primeros de julio de 1794. Pensó hacerse cargo de una compañía de húsares. Pero Dios le esperaba en un recodo del camino.

Por casualidad —siempre la casualidad sirviendo de disfraz a Dios— supo el oficial Varin que cuatro antiguos compañeros suyos de San Sulpicio se encontraban en Vanloo. Le faltó tiempo para desviar su ruta e irrumpir a caballo, como un torbellino, en el retiro donde sus viejos amigos se preparaban al servicio de Dios.

¿Qué ocurrió allí? Debió de pasar algo muy semejante a lo que sucedió antaño entre Francisco Javier e Ignacio de Loyola. El caso es que los sueños de gloria, la ambición militar, la arrogancia de José Varin se derrumbaron de repente. Los compañeros, especialmente Leonor Francisco de Tournély debieron de someterle a un ataque tan inesperado como arrollador. La noche del 18 de julio la pasaron íntegramente dialogando. El ánimo del oficial se iba doblegando por momentos. Al amanecer les comunicó su decisión:

—No le demos más vueltas. Me quedo con vosotros.

El mismo escribiría después: «Aunque Dios me hubiese enviado entonces un ángel para hacerme conocer su voluntad, no hubiese tenido mayor certeza». José Varin, como antes Francisco Javier, no haría más que cambiar de capitán. Su coraje le serviría igualmente en la nueva milicia. Mientras él daba un paso tan firme hacia Dios, allá en Besançon se oían otros pasos que sonaban también con entereza subiendo las escaleras del patíbulo. Eran los de su madre, que moría con un temple admirable.

Los cuatro compañeros de Varin eran todos sacerdotes. Su propósito, restablecer la disuelta Compañía de Jesús; por eso vivían a la sombra de la espiritualidad ignaciana. Dispersados de San Sulpicio, todos habían tenido que huir de Francia. En Bélgica encontraron un refugio momentáneo.

Por aquellos años en que la pólvora revolucionaria cundía por toda Europa, su condición noble, su sacerdocio y su nacionalidad no eran las mejores recomendaciones. Por eso, una vez que Varin se incorporó a ellos, la pequeña tropa se puso en camino hacia Alemania. Era sólo el principio de un largo destierro que les haría rodar por todos los caminos de Europa.

En Augsburgo recibió José Varin el sacerdocio y con ello fue aceptado plenamente en aquella comunidad que dirigía Leonor Francisco de Tournély, el más joven del grupo. Pero su piedad profunda, su íntimo fervor sacerdotal, le hacían ser sinceramente querido y admirado por sus compañeros. Tournély era un místico en toda la extensión de la palabra. El viejo y venerable Mons. Emery, gran conductor de almas en el seminario de San Sulpicio, había dicho de él: «He conocido muchos hombres de gran virtud. He leído infinidad de vidas de santos y puedo asegurar que jamás he encontrado un alma tan encendida en el amor de Dios como la de Leonor Francisco de Tournély».

Bajo la ardiente y suave dirección de Tournély, aquella reducida comunidad de «Padres del Sagrado Corazón» seguía rodando por el camino del destierro. Los avances de la Revolución los empujaron hacia Passau y después hasta Viena. ¿Acabarán por pasar a Rusia, donde únicamente la Compañía tuvo existencia legal mientras la rechazaban en todos los países de Europa? Grupos como el suyo, que intentaban mantener el fuego sagrado de la Sociedad jesuítica extinguida, luchaban por todas partes.

En Italia, un tal Paccanari, clérigo de la diócesis de Trento, se batía por la misma causa. Pero había llegado más lejos. Su actividad acababa de lograr en Roma que todos los grupos dispersos que preparaban la resurrección de la Compañía se unieran en un frente común. En Viena, los Padres del Sagrado Corazón recibieron el comunicado de Roma. El nombre sería también común: «Padres de la Fe». Para entonces había muerto Tournély.

La honda espiritualidad del Padre Tournély y su celo sacerdotal se centraba en un objetivo bien preciso: la devoción al Sagrado Corazón de Jesús. En él, como en tantas almas escogidas de la época, prendió con fuerza el violento incendio del amor al Corazón de Cristo. Una devoción que fue el «signo de aquellos tiempos» y el signo de Dios, por supuesto. Contra la frialdad del jansenismo, la devoción al Corazón de Jesús tendía a caldear los espíritus con una piedad afectiva, amorosa, entregada al amor. En la devoción al Sagrado Corazón de Jesús, el amor es la ley suprema. Y el amor ardiente, encendido.

Tournély era uno de los tocados por el fuego. Para él esta devoción tenía dos vertientes. Una, de adoración, de entrega personal. La otra de propagación, de expansión. La coyuntura religiosa que atravesaba su patria, asolada por la Revolución, le dolía intensamente. Pensaba en la restauración con esperanza. Sus compañeros y él arrimarían el hombro sin titubear. Pero las fuerzas eran pocas y lo que había que hacer, casi ingente. ¿Cómo llegar a todas partes? ¿Qué se podría hacer para acercarse a tantos problemas? La familia, la educación cristiana, la piedad popular. Tournély fue madurando la idea de asociar a su obra la colaboración de algunas mujeres. Le parecía imprescindible. ¡Las manos y el corazón de la mujer podían ir tan lejos! Pensaba en llenar los claustros tan diezmados o vacíos de Francia. Pero a la vez, en la educación de la juventud femenina. No en vano era, según un testimonio de Mlle. Duval, «un alma contemplativa con un corazón apostólico».

El Padre de Tournély manifestó sus designios a una mujer que a sólidas virtudes unía una envidiable influencia social. Se trataba de la princesa Luisa Adelaida Borbón-Condé. Esta dama, inclinada ya de antiguo a la vida religiosa, aceptó la invitación. Pronto se reunió en torno a ella una pequeña grey de mujeres de muy buen espíritu entre las que inició su labor el Padre Tournély. Pero ¿serían aquellos los caminos de Dios? El trabajaba como si lo fuesen y pronto se convenció de que no había llegado la hora. La princesa de Borbón-Condé maduró su vocación y decidió encerrarse en un convento cisterciense. Aquella naciente comunidad del Sagrado Corazón se dispersó.

El espíritu de Tournély manifestó entonces su verdadera talla. «Puedo haberme equivocado, decía, en cuanto a los medios y en cuanto al momento escogido por Dios, pero esta Sociedad llegará a existir». Y seguía en la brecha buscando con tesón. Al mismo tiempo, su alma se iba acercando presurosamente a Dios. Solía el Padre Tournély quedarse como extasiado mirando hacia arriba y se le oía exclamar de vez en cuando: «serenidad del cielo». El cielo le atraía poderosamente. ¿Había escuchado alguna llamada interior?

Leonor de Tournély moría en la madrugada del 9 de junio de 1797, sin cumplir aún los treinta años. Su muerte fue una dulce y emocionante serenidad. Como lo fuera su vida, lo que tenía que hacer estaba hecho. Su tarea había consistido en sembrar. Acabada la siembra, Dios se lo llevó a su lado. Pero su herencia, su secreto, no podía morir, lo había dejado en buenas manos. Una de sus últimas recomendaciones fue para el P. Varin que le sucedió al frente de la comunidad. «Amigo, tú lo sabes todo, te lo he confiado plenamente. No te precipites, pero estáte atento y espera el momento de Dios».

Entre los papeles del P. Tournély se encontraron unas líneas reveladoras de su espiritualidad: «yo me consagro al Corazón de Jesús y al de su Madre. En consecuencia, hago voto de emplear mi vida en propagar la devoción al Sagrado Corazón y a la Inmaculada Concepción de María. Me comprometo a renovar este voto dos veces al año». El compromiso estaba escrito con sangre y estaba entre las manos del Padre Varin.

Mientras todo esto sucedía en Austria, en París, en el silencio de la calle de Touraine, Magdalena Sofía esperaba la hora de Dios para entrar en el Carmelo bien ajena al rumbo que iba a tomar su vida.

El P. Varin, con la herencia de su admirado Tournély, inició pronto sus gestiones. Era una semilla que había que alentar. Siempre con el propósito de infiltrar el espíritu del Sagrado Corazón en las clases más influyentes de la sociedad, el P. Varin, en sus idas y venidas apostólicas, oteaba el ansiado momento de Dios. Tanteaba personas, medio descubría sus planes, hasta que le pareció dar con la mujer que necesitaba: la archiduquesa Ana María de Austria, hermana del Emperador de Alemania. La archiduquesa quedó prendada de la propuesta y todo parecía indicar que la simiente de Tournély había caído, al fin, en el surco que la esperaba. Pero surgió entonces una novedad. De Roma llegó la invitación para que los sacerdotes de Tournély se uniesen al grupo de «Padres de la Fe» que alentaba en Italia el P. Paccanari.

La invitación fue secundada, pero, a petición del mismo Superior, la Archiduquesa y sus compañeras pasaron a Roma, donde fundaron una casa en 1801. En aquellas *dilettes*, Paccanari imprimió su marca personal y pronto desapareció de ellas la semilla espiritual de Tournély.

Por otra parte, el P. Varin seguía pensando con inquietud en la restauración religiosa de su país. El fracaso de su plan le afectó más hondamente de lo que a Tournély le impresionó el primer fallo. Su ardoroso temperamento carecía de la envidiable serenidad del de su amigo. Pero le sobraba coraje para volver a empezar mil veces si era necesario.

Entre tanto, la paz y el orden iban haciéndose camino en Francia. La riada había decrecido y las aguas volvían a su cauce. De todos los rincones de Europa se pusieron en marcha a su país los nobles desterrados y los clérigos emigrados a la fuerza. Las fronteras de Francia veían, por fin, el retorno de los fugitivos. Varin se puso también en camino con los Padres de la Fe. El destierro había sido un buen noviciado y quién sabe si en París sonaría el impenetrable momento de Dios.

En la capital, el Padre Varin dirigió sus primeros pasos al encuentro de los sacerdotes recién salidos de la persecución. Se respiraba la urgencia por restaurar las ruinas religiosas. Pero había mucho desconcierto también. La situación no era aún del todo clara. Muchos obispos habían muerto o perdido su sede. El Padre Varin vio la necesidad de organizar, de unir fuerzas. Muchos sacerdotes, recién recuperada la libertad, parecían cegados de momento por el exceso de luz. Varin habló con muchos de ellos. Les ofreció la garantía de una organización y su lista de nombres fue aumentando. Casi todos los que se iban agrupando en torno a Varin eran antiguos compañeros de San Sulpicio. En todos, el sufrimiento había dejado la marca de la madurez.

Alguien habló a Luis Barat de la naciente Sociedad y sin titubeos dio también su nombre. Cuando Sofía volviese de Joigny se sentiría afectada por el rumbo que acababa de tomar la vida de su hermano. ¿Cuál sería entonces su camino?

Maduraba por momentos la hora de Dios. Una tarde, Luis habló al P. Varin de su hermana. Le contó su temple espiritual, su clara vocación, sus respetables conocimientos de griego y latín, su familiaridad con los escritos de los Santos Padres. Luis debió de hablar con ardor. Bajo su áspera corteza ascética, la fibra de su amor a Sofía vibraba con delicada intensidad. Al fin y al cabo, su hermana era un poco obra suya. El Padre Varin mostró deseos de conocer a aquella muchacha. ¿Por qué? Quizá para contemplar la obra de aquel hombre áspero como un cilicio y afectivo como un pequeñuelo. ¿Habría algo más en el interés del P. Varin? Tal vez fuese sólo cortesía o ánimo de arreglar la situación en que quedaba Sofía con la marcha de su hermano. De todas formas, había que esperar. Sofía estaba en Joigny y no regresaría hasta terminada la vendimia.

Los días que mediaron entre su conversación con Luis Barat y el retorno de Sofía, el Padre Varin volvió a pensar con ilusión en la herencia encomendada por su querido Tournély. La verdad es que últimamente el afán por consolidar la comunidad masculina de Padres de la Fe le había hecho olvidar un tanto aquel viejo proyecto. Pero ¿por qué ahora al recordar la conversación con Barat, un sacerdote apenas conocido, volvió insistentemente a su ánimo la idea de la fundación? ¿No era Sofía, aunque cultivada, una simple campesina? ¿Cómo iba a ser posible que la hija de un tonelero ejerciese el influjo social que la obra pretendía? Y ante todo, ¿por qué le perseguían como una obsesión aquellas palabras de Tournély: «existirá, existirá»?

Sofía regresó, al fin, de Joigny. Apenas había tenido tiempo de reaccionar ante el rumbo que tomaba la vida de su hermano cuando le avisaron que el P. Varin quería hablar con ella.

Es el mismo Padre el que nos cuenta su impresión de esta primera y definitiva entrevista: «Yo fui a verla —escribe—, y me encontré con una persona de temperamento muy delicado, extremadamente modesta y de una gran timidez. La sensación interior que experimenté, cuando su hermano me habló de ella por primera vez, aumentó de repente en fuerza y claridad. Creo que entonces lo entendí todo. «Menuda piedra para ser cimiento, me dije a mí mismo». En efecto, precisamente sobre ella quería Dios levantar la Sociedad del Sagrado Corazón.

La hora de Dios había sonado por fin. Luis así lo entendió y cedió gustoso al Padre Varin el puesto que hasta ahora había ocupado en el alma de Sofía. La Providencia disponía este cambio de clima espiritual. Sofía encontraría en el P. Varin la dulzura y la comprensión que echaba de menos en su hermano, pero nunca dejaría de agradecerle el haber domado su espíritu en la disciplina y la humildad. Luis preparó el terreno y Varin sembraría abundantemente. El fruto sería, como siempre, obra de Dios.

Ante los ojos de Sofía fue desplegando el P. Varin los planes de Tournély. Le habló de sus revelaciones y de sus escritos, de su devoción encendida al Corazón de Jesús, de sus propósitos de hacer algo por renovar a la sociedad por el amor. Nunca como entonces se arrepintió Varin de haber quemado el diario y los papeles de su amigo. Tuvo que hacerlo al volver a Francia para evitar en los pasos de la frontera otro destino peor para los cuadernos. Con aquellos escritos hubiera logrado inflamar el alma de Magdalena Sofía.

La pobre muchacha se veía de pronto convertida en la clave de un ambicioso plan. Todo aquello tenía que apoyarse precisamente en ella. No es extraño que Sofía sintiese temblar sus fuerzas.

—Lo pensaré —contestó tímidamente a los apremios del Padre Varin.

Sofía lo maduró en el silencio de la oración. Y se decidió por la humildad. Su camino preferido. Según una idea vieja, muy suya, es el atajo para llegar antes a la santidad.

Aceptó, pues, humildemente. Sus vivencias de esos días las consignó así: «Por mi parte, yo no sabía nada ni era capaz de prever nada. Me limité a aceptar lo que se me ofrecía».

¿Por qué será que los elegidos de Dios sienten tan honda su propia pequeñez? Cuando se repasan las Sagradas Escrituras se palpa el pasmo, el asombro, la sensación de nulidad que el llamamiento de Dios provoca en sus escogidos. Ahí está Moisés, que se siente tartamudo. Ahí está Isaías, que forcejea con el Señor y se excusa diciendo que no va a ser capaz de cumplir el oficio de profeta. Y ahí está Esther, que tiembla antes de interceder por el pueblo. Y Judit y

María. María sobre todo, que siente caer sobre su seno el peso de una inmensa maternidad. Y María se achica, se humilla y se entrega en las manos del Señor.

La respuesta de Sofía va perfumada de la misma pequeñez. Será a la vez una entrega absoluta, una demanda apremiante de apoyo y una luminosa y serena confianza.

La historia, la fecunda y dilatada historia del Sagrado Corazón, empieza en el momento en que Magdalena Sofía Barat dijo humildemente su «sí». Pero lo cierto es que ese sí, más que un punto de partida, era una meta donde se daban cita, por fin, muchos anhelos de santidad que hasta entonces corrían por caminos distintos.

Quien haya investigado en la obra de Sofía, al llegar a este punto, no tendrá más remedio que preguntarse con Mons. Baunard: «¿Quién ha reunido los elementos dispersos de esta fundación?».

Uno queda verdaderamente perplejo al comprobar el tejemaneje de la Providencia para hacer confluir una gracia tan particular hacia la humilde figura de Sofía. En la trama tan sabiamente urdida por Dios entran las ansias de Tournély, su fracaso y el de Varin y la tozuda labor de Luis Barat en la formación de su hermana.

Puede decirse que en Sofía venían a sumarse tres ingredientes fundamentales que constituyen la base, aún operante, de la espiritualidad propia del Sagrado Corazón. En su alma se derramaban como en un lago la austeridad de la disciplina aprendida en la ardua escuela de Luis Barat, la mística del amor al Sagrado Corazón que encendió el espíritu de Tournély y el ardor apostólico que inflamaba al P. Varin. Esta es la solera del Sagrado Corazón. La Sociedad es fruto de una lenta y viril maduración. Su mejor garantía está en haberse fraguado en la persecución y en el destierro. Y en apoyarse en ese espléndido triángulo de santidad sacerdotal que forman Tournély, Varin y Barat. Por algo Bernoville escribió: «Hay en los orígenes duros, victoriosos, fecundos de esta Sociedad toda una pléyade de almas santas».

Dios fue cruzando caprichosamente los caminos hasta hacerlos coincidir, con esa maestría tan suya que es un alarde de soberana firmeza y de inefable suavidad. Pero el «sí» de Sofía era, a la vez, la llegada de un largo viaje y la partida para una aventura fascinante.

Sobre el sólido fundamento de Sofía empezó el Padre Varin la construcción del edificio. Las visitantes asiduas de la calle de Touraine vieron aclararse su propio horizonte con la decisión de Sofía. Tocadas, como estaban, de la vocación religiosa, aceptaron con entusiasmo la nueva fórmula que les ofrecía en síntesis la intensidad interior del Carmelo y la acción apostólica que tanta urgencia reclamaba.

Octavia Bailly y Mlle. Loquet siguieron los pasos de Sofía y a ellas se unió la sirvienta de Mlle. Duval en calidad de cooperadora. Esta era la comunidad con la que contaba el P. Varin.

La pensión de la calle Touraine fue el primer «convento». Allí trabajaban y oraban juntas y allí acudía el buen religioso que se esforzaba por trasvasar al espíritu de aquellas jóvenes la carga espiritual que él había recibido de Tournély.

La devoción al Corazón de Jesús era el centro de sus largas y entusiastas conversaciones. Poco a poco, iba plasmando el ideal de servicio al amor en la propagación infatigable de ese mismo amor. Era preciso llenarse bien para después poder verter sobre las almas el propio contenido. Como hacen las nubes. Primero se hinchan de agua para derramarla luego sobre la tierra. El Padre Varin utilizaba con frecuencia un pensamiento de Sto. Tomás que había asimilado en los años de su estancia en San Sulpicio: «contemplar y dar a los demás de la propia contemplación es más perfecto que contemplar simplemente. Así como iluminar es mucho más perfecto que lucir nada más». En este texto veía él la síntesis de contemplación y acción, de mística y apostolado, que creía indispensable para el nuevo Instituto.

Nunca como durante aquellos primeros días, fue tan solícita ni tan paternal la entrega del Padre Varin a la naciente Sociedad. Aunque durante toda su vida estuvo entrañablemente ligado a ella, comprendía que los primeros pasos precisaban una mano extendida y unas entrañas «paternales». Allí y entonces, mereció con toda justicia los apelativos que se grabaron en su epitafio: «fundador, legislador y modelo».

Su prestigio en la Sociedad a la que asistió siempre en los momentos más difíciles y de cuyo gobierno se retiró con fina elegancia cuando comprendió que podía valerse por sí misma, fue creciendo de día en día. Prestigio derivado, sobre todo, de su notable santidad. Al acercarse su muerte, la Madre Barat escribía: «Pronto perderemos al Padre Varin. Un santo menos en la tierra y otro más en el cielo».

Y es que la santidad se dio con profusión en aquella Francia turbulenta. Por muy rabiosa que fuese la cizaña, el trigo limpio seguía creciendo. Y en la santidad tenía un lugar de honor el culto al Sagrado Corazón. Las congregaciones e institutos basados en su devoción se multiplicaron. El amor se mostraba como la fuerza decisiva para levantar de sus ruinas la piedad martirizada en Francia por la Revolución y congelada por la frialdad del jansenismo. Hasta en la misma corte restaurada penetró la devoción al Corazón de Jesús de la mano de María Leczinska.

Sofía y sus compañeras se esforzaban por entrar a fondo en los secretos de esta devoción. Sería el motor de su obra espiritual. Los escritos de entonces nos dejan vislumbrar el celo y el entusiasmo que, bajo la guía del Padre Varin, ponían todas por remar con fuerza en la aventura en que se habían embarcado.

Un día, dialogaban sobre la virtud o el rasgo espiritual que sería su característica. ¡La generosidad!, dijeron todas. Poco a poco, con tanta entrega como prudencia, iba el Padre Varin completando su labor. Mediaba el año 1800. La pequeña Sociedad se afirmaba y el espíritu parecía soplar con fuerza en sus velas.

¿Había llegado el momento de dar un paso más decisivo? Así se lo hizo saber el P. Varin a sus dirigidas. Por primera vez se habló en serio de una consagración al Corazón de Jesús. La idea prendió con fuerza en todas. Había sobradas garantías para dar por terminada la prueba. Se pensó en el día 21 de noviembre como fecha oportuna. Era la fiesta de la Presentación de María en el templo. Nada más indicado para presentarse también ellas ante el Señor y hacerle ofrenda total de sus vidas.

La sencilla ceremonia se celebró en la misma casa de la calle de Touraine. La mayoría de las iglesias de París estaban cerradas o medio en ruinas. El Padre Varin celebró la misa, y, después de la consagración, una a una pronunciaron sus palabras de entrega. En el calendario del Sagrado Corazón, el 21 de noviembre sigue siendo fecha en rojo.

Aquel acto tan sencillo, tan íntimo, estaba llamado a tener una gran trascendencia. En sí ya era trascendente. Y, sin embargo, nadie tuvo noticia de lo que acababa de realizarse en el piso de la calle de Touraine.

París bullía entonces en pleno fervor patriótico. Napoleón acababa de regresar victorioso una vez más. Esta vez el triunfo se llamaba Marengo y era la clave de futuras victorias. El Imperio se tocaba ya con la punta de los dedos. La estrella de Napoleón brillaba hasta cegar a sus enemigos y París se abandonaba a la embriaguez de la victoria. Junto al alborozo popular que lo invadía todo, ¿qué importancia podía tener que cuatro jóvenes se hubieran reunido para fundar una congregación religiosa? La gente gustaba, entonces como hoy, hablar de cosas más sonadas. En esas fechas, finales de 1800, los comentarios se centraban en los hechos ocurridos a lo largo del año. Para algunos, lo más importante había sido el invento científico de Volta. Otros preferían darle la palma a una obra del espíritu: Beethoven estrenó su primera sinfonía. Desde la presentación al público de la *Creación* de Haydn, no se conocía triunfo tan resonante.

La revolución industrial que asomaba la cabeza en Inglaterra sería, según muchos, la marca del siglo. Para otros, el triunfo del colonialismo era mucho más decisivo. En las tertulias artísticas sonaban, por encima de todos, los nombres de David y Prudhon, los pintores oficiales de la Corte. El mundo de las letras se llenaba con dos grandes y rotundos nombres germanos: Schiller y Goethe. Sus obras se cotizaban en todos los mercados literarios al más alto precio. Los intelectuales leían a Kant y Schleiermacher. En el teatro reinaba Goldoni. Y todo el mundo hablaba de Napoleón con entusiasmo, con envidia o con recelo. El general caminaba con paso seguro hacia el Imperio, a despecho de todas las coaliciones europeas.

Demasiadas cosas, demasiado ruido, para que pudiesen oírse aquellas cuatro voces femeninas que piadosamente se entregaban al Señor. Y, sin embargo, se acababa de plantar un árbol que extendería sus ramas por todos los continentes. Hoy resulta desconcertante cotejar la suerte que han corrido aquellas celebridades y aquellos triunfos que escoltaron el humilde nacimiento de la Sociedad del Sagrado Corazón.

El imperio colonialista, que entonces hinchaba de orgullo a algunos países de Europa, se ha desinflado como un globo. La revolución industrial ha sido una y mil veces desbordada. Los poetas y filósofos que entonces estaban en el candelero cayeron bien pronto de su altura. Hasta el mismo Imperio de Napoleón se derribó estrepitosamente. Nada de lo que admiraba a la gente en aquel año de 1800, umbral del azaroso siglo XIX, queda hoy en pie. Mejor dicho, sólo las obras del espíritu resistieron al tiempo. Hoy todavía se oye con fruición la primera sinfonía de Beethoven y se leen los versos rotundos de Goethe. Pero, aun así, son obras que pertenecen al pasado. Cuadros colgados en un museo, partituras o versos que ya no crecen.

En cambio, aquel árbol que se plantó en la calle de Touraine sigue hoy en plenitud. El paso de los años lo ha visto afirmarse y extenderse. Aquel acto del 21 de noviembre era la semilla diminuta que caía en el surco. De ella creció el árbol. Tiene las raíces bien hundidas en la sencillez de su origen. Y la savia no se ha agostado. El tronco del Sagrado Corazón sigue creciendo y sus ramas llegan a pueblos lejanos: Uganda, Zaire, Chad, Japón, Corea, China, Rusia...

Y todo arranca de allí. De aquella mínima reunión en casa de Mlle. Duval. Hoy nadie conoce aquella casa en el barrio de Marais. Uno va recorriendo las calles con la esperanza de encontrar una lápida, un pequeño recuerdo de la fundación. Nada. La memoria del hecho se ha esfumado de allí. Por las cercanías hay recuerdos abundantes: aquí vivió Mme. de Sevigné. Más allá tuvo su gabinete Víctor Hugo. A la vuelta de la esquina nació Alfonso Daudet... y así por el estilo.

La santidad de Magdalena Sofía Barat, que perfumó el barrio, y su obra extendida por el mundo entero, no han merecido, por lo visto, un recuerdo.

Pero ¿importa mucho si, en aquella reunión de Sofía y sus compañeras, estaba la mano de Dios?

AMIENS

En Amiens, la catedral lo es todo. Cuando yo preparaba mi viaje desde París, la superiora de la comunidad trataba de explicarme sobre el plano el lugar exacto que ocupa la casa del Sagrado Corazón.

—Usted sale de la estación y se encuentra con una gran plaza. Entonces coge la primera avenida a la derecha.

—¿Esta?

—No, no. Esta otra... Bueno, y si no, lo más sencillo es preguntar por la catedral. La casa está a dos pasos.

Cuando llegué a Amiens me di cuenta de que ni siquiera eso era necesario. La catedral se ve desde cualquier parte. Es como la gran torre en la que remata la ciudad entera. Desde lejos, cuando el tren rodaba aún por la llanura de Picardía, se perfilaba su silueta al fondo. Airosa, agudizada, exacta como si fuese una maqueta. Su prodigiosa estatura emerge por encima de los tejados grises y de las manchas verdes de los parques como la arboladura de una nave. Cuando uno deambula por la ciudad es cuando nota su milagrosa «omnipresencia». Desde todas las esquinas se ve. Al extremo de cualquier calle aparece siempre su portentoso frente o sus costados calados de ventanas. En todos los cruces, siempre al fondo la catedral como un inevitable testigo de la vida ciudadana.

Se diría que la catedral es un árbol añoso plantado en el centro de Amiens. Todo cuanto ha ocurrido allí desde hace siete siglos tiene a la catedral como telón de fondo. Y también, —¡cómo no!— la historia del Sagrado Corazón. Desde el colegio de la calle del Oratorio, la catedral se toca casi con las manos. Bastan cuatro pasos para encontrarse ante el prodigio de esa cabeza coronada del templo gótico que es el ábside.

Pero la casa que en la actualidad ocupa el Sagrado Corazón es, en realidad, su tercera morada. Por eso su presencia y su historia están esparcidas por la ciudad entera.

Quien quiera seguir las huellas de Magdalena Sofía Barat tendrá que venir a la capital de Picardía. Amiens las ha conservado muy frescas. Quizá porque quedaron grabadas muy hondamente. La vida de la Madre Barat cumplió aquí un capítulo muy abultado de vivencias. Amiens fue su primera experiencia educativa. Aquí tomó de verdad las riendas de la recién nacida Sociedad. Y aquí —como no podía ser menos— sufrió los primeros dolores y los gozos de su maternidad espiritual. Para quien busca reconstruir la vida de la santa, todo aquí es pura memoria. Como si fuese un relicario. Pero un relicario vivo que guarda el tesoro agridulce de sus muchos ratos de alegría entreverados con dilatadas horas de tristeza.

En Amiens sufrieron Sofía y su obra la primera crisis seria. Esa crisis inevitable que hay que superar para poner el pie en la juventud dejando atrás la ternura de la infancia. La Sociedad del Sagrado Corazón vino de París recién nacida. No sin dolor encontraría el camino de su vigorosa juventud. Ese trance —luz y sombra por mitad— es la historia de Sofía en la ciudad de Amiens.

En el lenguaje familiar del Sagrado Corazón, Amiens tiene un nombre evocador: *le berceau*. Creo que si a las religiosas les ofreciesen una visita a cualquiera de los «lugares» de la Madre Barat, muchas se inclinarían por Amiens, cuna del Instituto. Claro que

Joigny y Jette, con el cuerpo incorrupto de la santa, habría que dejarlos fuera de concurso.

Mientras el pequeño grupo de la calle de Touraine de París, tras aquel primer paso del 21 de noviembre, se entregaba generosamente a la vida espiritual, el Padre Varin había reanudado sus correrías apostólicas. El y los suyos, Luis Barat también, llevaban a cabo una intensa labor de predicación. Las secuelas que la Revolución había dejado en la religión eran desastrosas. Había que edificar en unos sitios, que sostener en otros, que plantar y desarraigar en la mayor parte. Los Padres de la Fe recorrían Francia en todas direcciones.

Fue en la primavera de 1801 cuando el Padre Varin cayó en Amiens. Como en todas partes, el complemento de su predicación fue también allí el trato con personas de espíritu. Había muchas que alentaban una vocación religiosa. Pero las pasadas pruebas habían impedido su realización. La táctica del P. Varin consistía en establecer primero contacto con algunos sacerdotes. De su mano se iba por camino seguro. En Amiens se puso al habla con un celoso maestro de espíritus: el abate Bicheron. El mismo había facilitado los trámites para que los Padres de la Fe pudiesen abrir un colegio. El Padre Varin, que llevaba tan en el alma la naciente Sociedad del Sagrado Corazón, acudió también a él en esta circunstancia.

El venerable sacerdote le dio en seguida dos pistas importantes. Mlle. Genoveva Deshayes, «corazón de oro y carácter de fuego», según Mons. Baunard, y Enriqueta Grosier. Las dos soñaban con la vida religiosa y en concreto con el Carmelo.

Es curiosa la fascinación por el Carmelo entre la mayor parte de las primeras compañeras de Sofía y en ella misma.

Genoveva y Enriqueta acudieron a la misión que predicaba el P. Varin y sintieron renacer sus ideales de entrega al Señor. La entrevista con el Padre Varin, preparada por el abate Bicheron, fue sencilla y luminosa. En realidad se encontraron a mitad de camino: las jóvenes, en su deseo de acertar con el rumbo verdadero. El Padre Varin, en el propósito de ampliar el pequeño núcleo religioso que había dejado en París.

El ideal de vida religiosa que les ofrecía el predicador llenaba sus deseos y se pusieron en sus manos. La devoción al Sagrado Corazón les atraía fuertemente y el apostolado de la educación era su debilidad. Enriqueta ya estaba entregada a él y regentaba un pequeño colegio en compañía de una tía suya. Con la mejor voluntad, pero con pequeño éxito, por cierto. En el plan que ofrecía el Padre Varin, Enriqueta vio la luz que andaba buscando.

Pero el encuentro no fue menos luminoso para el predicador. ¿Por qué no hacerse cargo de aquel colegio caduco? ¿No podría ser una preciosa ocasión para hacer las primeras armas en el apostolado educativo?

Vencidas las dificultades, Mlle. Loquet vino de París para hacerse cargo del pensionado. El Sagrado Corazón tenía su primera casa el 15 de octubre. Santa Teresa andaba de por medio y esto alegró a todas. A mediados de noviembre, las antiguas compañeras de París, más las recién incorporadas, estaban ya instaladas en la pobre casa de la tía de Enriqueta Grosier, en la calle Martin-bleu-Dieu. Esta calle toma su curioso nombre de una imagen colocada en la casa Martin. El nombre existe todavía en Amiens, pero pertenece a otra calle distinta de aquella.

Por su situación en el camino hacia el Norte, ha sido siempre Amiens escenario frecuente de guerras. Durante la última de ellas, fue una de las ciudades más seriamente castigadas de Francia. Los edificios destruidos pasaban de los diez mil. La catedral, milagrosamente intacta, dominaba un inmenso campo de ruinas. Hoy está de nuevo en pie. Grandes y espaciosos bulevares, construcciones atrevidas, como la *Tour Perret*, de 104 metros de altura, hacen de Amiens una ciudad moderna. Pero los nombres y rincones antiguos se han conservado cuidadosamente.

El aniversario del primer compromiso, contraído en París el 21 de noviembre, se solemnizó en la nueva comunidad con la renovación de los votos. Sofía tuvo entonces su primer dolor en Amiens: Octavia Bailly, que tan íntimamente se había compenetrado con ella, no se sintió con fuerzas para renovarlos. De momento se retiró de la comunidad. Su marcha fue hondamente sentida por Sofía. Pasados los años, terminaría en el Carmelo su aventura espiritual.

Pronto trascendió a la ciudad la presencia de aquel grupo de jóvenes entregadas a la vida espiritual y a la enseñanza. Su vinculación a los Padres de la Fe, advertida por la gente, hizo que las llamasen «Damas de la verdadera fe».

Su indumentaria llamaba un tanto la atención en la calle. Sobre todo, un curioso sombrerete redondo, como un bonetillo, que llevaban en la cabeza. Tan peregrino debía de ser su aspecto, que no era raro ver a los chiquillos seguirlas en son de burla cuando acompañaban a las alumnas por el centro de la ciudad. Esto mortificaba especialmente a las jóvenes religiosas. Pero no era sino una más de las muchas ideas «geniales» que se le ocurrían a Mlle. Loquet.

A esta mujer, tan buena como excéntrica, la nombró el Padre Varin superiora del grupo. Su edad y su experiencia en la educación parecían aconsejarlo así, al menos por el momento. Mlle. Loquet impuso rápidamente su estilo. Y el hábito no era lo peor. Durante las comidas, en silencio, había que escuchar la lectura de extraños libros de aventuras escritos por ella. Uno se titulaba: *Cruzamante, el viaje de Sofía y Eula-*

lia al palacio de la verdadera felicidad. Basta con el título para adivinarlo todo...

Las excentricidades de Mlle. Loquet afectaban especialmente a Sofía. La Superiora interpretaba como azoramiento su condición humilde y su serenidad. La fuerte interioridad de Sofía pasaba inadvertida a sus ojos. Para ella, aquella joven, en la que tan plenamente confiaba el Padre Varin, era una perfecta «mediocridad». Sofía tuvo que soportar frecuentes y molestas humillaciones.

La presencia de Santísimo estaba ya autorizada en la casa. La capilla se instaló en una pequeña habitación del granero. Allí encontró Sofía la fuerza para llevar calladamente los sufrimientos y allí también se celebró la primera profesión solemne el 7 de junio de 1802. El día siguiente a la fiesta de Pentecostés.

Por cierto que aquella mañana le ocurrió a Sofía algo extraño. Con honda ilusión había preparado su compromiso y mientras llegaba el momento de la ceremonia se fue a dar una vuelta por el jardincillo del colegio. El acto iba a comenzar en la capilla. Faltaba Sofía. Genoveva Deshayes lo advirtió y corrió a buscarla. La encontró sentada junto a un nogal. Estaba inmóvil, y como muy lejos de allí, como si su alma pasase por algún delicioso trance espiritual. Genoveva lo contaba después y decía que le costó trabajo hacerse entender. A las compañeras de comunidad no dejó de infundirles un cierto respeto esta circunstancia.

La tensión que provocaba en el grupito la extraña actuación de Mlle. Loquet se hacía cada vez más fuerte. El Padre Varin lo había advertido tiempo atrás. Con todo, prefirió esperar. Pero el plazo le convenció plenamente de que aquella mujer nunca podría asimilar el espíritu nuevo del Sagrado Corazón. Mlle. Loquet volvió a París y continuó allí sus antiguas tareas de enseñanza.

Cocina y sala de estar de la familia Barat

Puerta de entrada a la iglesia de St. Thibault, donde Magdalena Sofía recibió el bautismo y la primera comunión

Al día siguiente de su marcha, el P. Varin vino a visitar a las religiosas. Con ellas sostenía frecuentes y jugosas conversaciones espirituales. Ese día venía dispuesto a fingir una ingenua comedia. Anunció que quería examinar a todas de catecismo.

—A ver, Sofía, que es la más joven, responderá la primera.

Sofía se puso en pie, medio divertida, medio azorada.

—La pregunta será sencilla —dijo el Padre Varin—. Voy a empezar por lo más fácil. ¿Para qué nos ha creado Dios?

Sofía debió de recordar sus lejanos años de catecismo, allá en St. Thibault de Joigny.

—Para que le conozcamos, le amemos y le sirvamos —respondió.

—Y ¿en qué consiste servir a Dios?

—En cumplir su voluntad.

—¡Perfectamente!

El Padre Varin cambio su ingenua sonrisa por un gesto de autoridad y dijo:

—Pues la voluntad de Dios es que usted sea la Superiora.

Sofía tenía entonces veintitrés años. Acababa de caer sobre sus hombros una carga que llevaría de por vida. De nada sirvieron sus argumentos. Ni siquiera los diez años que se pasó —según testimonio del Padre Varin— pidiendo machaconamente el relevo del cargo.

A cada asalto de la Superiora, el P.Varin contestaría con la misma frase tajante: *esto vir*. El sabía de sobra que hacía falta una crecida dosis de virilidad para seguir adelante.

A todo esto, el colegio de la calle Martin-bleu-Dieu se había quedado pequeño. Las alumnas crecían y también la comunidad que gobernaba Sofía. Su dulzura y su tacto suavizaron en seguida los roces que había producido el gobierno de Mlle. Loquet. Ahora había que pensar en una casa más amplia. En la calle Nueva se encontró un acomodo suficiente y el colegio se trasladó a la nueva residencia.

Recientemente se habían incorporado a la «pequeña grey» varias aspirantes. La mayor había sido anteriormente religiosa. Se llamaba Ana Beaudemont. En el Sagrado Corazón, su nombre se haría en seguida notable. Y no para bien, por cierto. ¿Imaginaba Sofía, al darle el abrazo de acogida, que aquella mujer iba a ser una de las espinas más punzantes de su vía crucis?

En el mismo grupo ingresó una joven que, por el contrario, estaba llamada a ser compañera entrañable de Sofía. Era Catalina de Charbonnel. Al pisar el umbral del Sagrado Corazón dejaba atrás una larga odisea de privaciones y sufrimientos. Había sufrido la Revolución en su propia carne. Nobles y cristianos de solera, como eran los suyos, vieron volverse en su contra toda la furia de los agitadores. Catalina solía decir que llegó junto a Sofía procedente de «la gran tribulación», como aquellos de la visión apocalíptica.

El año 1804 trajo a la boyante comunidad, entre otras novedades, un nuevo cambio de residencia. La casa de la calle Nueva se volvía insuficiente por momentos. Cuando se estaba gestionando el traslado, Sofía tuvo que dejar Amiens por una temporada. Su salud se resentía y los médicos hablaban a media voz, sin comprometerse mucho en el diagnóstico. ¿Tuberculosis, cáncer? El reposo y los cuidados que le proporcionaron en París la devolvieron restablecida al frente de su comunidad.

El momento de adquirir una nueva residencia había llegado. En la calle del Oratorio, muy cerca de la catedral, tenían los Padres de la Fe un colegio. Lo había construido la congregación del Oratorio del Cardenal de Bérulle. La Revolución se lo había arrebatado y, pasada la tormenta, lo adquirieron los compañeros del Padre Varin, que al llegar a Amiens habían montado su colegio provisionalmente en el Hotel de los Doce Pares de Francia. El edificio era amplio, como lo exigía, más que la modesta comunidad, el siempre creciente internado. Tenía un amplio patio, con un muro que corría hasta la residencia del obispo por una suave pendiente buscando el canal. En su entorno perviven aún las casas humildes, los puentecillos y las pasarelas de la vieja ciudad de Amiens.

Los Padres de la Fe decidieron abandonar el edificio. La oportunidad era redonda, la alegre algarabía de las niñas se trasladó a la calle del Oratorio con todos sus bártulos el 29 de septiembre de 1804. Sofía y sus monjas se sentían complacidas de habitar una casa que tenía solera espiritual.

La nueva morada será el escenario de los episodios que Magdalena Sofía vivirá en Amiens. Unos durante los años que vivió allí, otros durante las diecinueve veces que volvió a la ciudad a lo largo de su vida. De todas y cada una de sus visitas se conserva memoria bien documentada.

Hoy, el edificio sigue siendo fundamentalmente el de entonces. Los bombardeos de la última guerra, que tanto arreciaron sobre Amiens, lo dañaron seriamente. Hubo que hacer reparaciones que no han alterado el aire primitivo de la construcción.

Una de las primeras en solicitar el hábito, ya en la calle del Oratorio, fue Felicidad Desmarquet. Quizá nadie como ella ayudará a Sofía a dar al naciente Instituto un tono de profunda e intensa espiritualidad. Felicidad Desmarquet es otro de esos nombres benditos en el Sagrado Corazón.

Cuando se repasan las primeras fundaciones de esta Sociedad admira el encontrarse con semejante puñado de mujeres de santidad tan eminente. Todas ellas, y otras que Sofía encontrará en sus largos caminos, parecen calcadas en el elogio que la Sagrada Escritura hace de la mujer fuerte.

Apenas la comunidad y las alumnas se habían instalado en la nueva residencia, la Superiora tuvo que ausentarse otra vez. Esta vez no era por enfermedad. Una llamada urgente del Padre Varin requería su presencia en Grenoble. El buen predicador no perdía ocasión, en sus correrías apostólicas, de encaminar al Sagrado Corazón las vocaciones que encontraba a su paso. Pero la afluencia de aspirantes planteaba el serio problema de abrir nuevas fundaciones.

Estando en Lyon supo que en Grenoble existía la posibilidad de hacerse con un antiguo monasterio abandonado, fundado tiempo atrás por San Francisco de Sales. ¿Sería el momento de intentar una nueva fundación?

Sofía entendió que su ausencia de Amiens podía ser larga. Para que todo siguiese ordenadamente mientras permanecía lejos, dejó al cargo de la casa a Ana Beaudemont y se puso en camino. Era la primera aventura. Durante muchos años, Sofía recorrería alegremente los penosos caminos de Francia y de Europa. Para encontrar un precedente a su intenso ajetreo, a los padecimientos del viajar y al espíritu de la Fundadora, habría que ir directamente a las andanzas fundacionales de Teresa de Jesús.

Los recuerdos más intensos de la Santa en Amiens pertenecen a la época de su vuelta de Grenoble. Cerca ya de la Navidad de 1805, recaló en Amiens. El viaje había sido pródigo en episodios y aventuras. Llegar desde Grenoble suponía cruzar en diagonal toda Francia. Desde los Alpes hasta el Canal de la Mancha, prácticamente.

La experiencia de Grenoble había sido positiva ciento por ciento. Allí quedaba encendida una buena hoguera cuyo fuego se encargaba de mantener Filipina Duchesne. Pero la fundación de «Ste. Marie-d'en-Haut» —que así se llamaba el antiguo convento de Salesas— planteaba un grave problema.

El Sagrado Corazón no contaba todavía con Estatutos escritos. Por una parte, el volumen que la Sociedad iba adquiriendo hacía imprescindible su redacción. Por otra, el obispo de Grenoble, con todo su derecho, y aun su obligación, había exigido la presentación de los Estatutos para aprobar la fundación en su diócesis. Hubo que preparar un Plan abreviado para satisfacer la petición del prelado. En este breve Plan se recoge ya el espíritu fundamental que anima al Instituto, el fin y los medios de su actuación. Mons. Simon se dio por satisfecho con este esbozo de Constituciones, pero exhortó vivamente a la Madre Barat a su redacción definitiva. Esa era también la opinión del Padre Varin.

Sofía pensó que Amiens era el lugar ideal para realizar semejante tarea. Allí estaban sus más antiguas y queridas compañeras que tanto podían ayudarle. Por otra parte, las fundaciones que fuesen surgiendo aquí y allá aconsejaban sin dilación el nombramiento de una Superiora General. ¿Sería el momento de verse libre de la carga del gobierno? ¿Podría volver pronto a su amado silencio? De todas formas se imponía la celebración de un Capítulo General —el primero—, para tratar de tan serios problemas.

Con estos propósitos entró la Madre Barat aquel 14 de diciembre de 1805 en la comunidad de Amiens. En seguida se dio cuenta de que algo había pasado allí durante su ausencia. El mandato de Ana Beaudemont había sido eficiente, sin duda. Tanto en la comunidad como entre las colegialas, todo marchaba con ejemplar regularidad. Se percibía un indudable espíritu de disciplina, aunque tal vez llevada con cierta aspereza.

La Madre Beaudemont no se distinguía por su dulzura precisamente...

Por otra parte, y esto era lo más grave, Sofía observó ciertos detalles que poco o nada tenían que ver con el primitivo espíritu del Sagrado Corazón. Como si un «estilo» nuevo se hubiese insinuado en la comunidad. ¿A qué se debían tales innovaciones?

Poco tardó en adivinar la causa. La M. Beaudemont había otorgado al confesor de la casa y de la comunidad un amplio margen de confianza. Era éste un sacerdote de apellido Sambucy, pero conocido por el «Abate de Saint Estève». Estimulado por la confianza de la M. Beaudemont, había ido insinuándose en la marcha de la comunidad hasta lograr una influencia casi total en ella. Su habilidad le había convertido en dueño y señor de la casa. Y la M. Beaudemont, por otra parte áspera y dominante, se inclinaba con agrado ante sus consignas.

El espíritu que St. Estève trataba de inculcar a la comunidad distaba mucho de ser el del Sagrado Corazón. La Madre Barat lo advirtió en seguida con tanta sorpresa como sentimiento interior. Con esto, su resolución de celebrar el primer Capítulo General se hizo inaplazable. La presencia y el asesoramiento del Padre Varin eran de todo punto necesarios. En cuanto llegase a Amiens se celebraría el Capítulo. Y no tardó en acudir, un tanto alarmado ante las noticias que recibía.

El 18 de enero de 1806 se reunió por primera vez en la historia del Sagrado Corazón el Capítulo General. En un extremo del edificio había una capillita. Sería el lugar de la Asamblea. Presidía una imagen de la Virgen, que desde entonces hasta hoy se llama *Notre Dame du Berceau*.

En una de las paredes, donde predomina el mármol blanco, se lee la lápida conmemorativa de la elección de Magdalena Sofía como Superiora General.

Sus deseos de ser descargada de la autoridad se vinieron al suelo. La votación fue clara a su favor. Sin embargo, no fue unánime, como por un curioso error dice la lápida conmemorativa. Y esto fue precisamente lo que más animó a Magdalena Sofía a cargar con el nuevo peso que caía sobre sus espaldas.

En aquellos escasísimos votos contrarios, estaba bien palpable la prueba del influjo de St. Estève y del nuevo rumbo que quería imprimir al Instituto. Las religiosas más antiguas, las mejores y también la mayor parte, habían elegido en la Madre Barat el espíritu primitivo del Sagrado Corazón. ¿Podría ella traicionar sus esperanzas?

Sofía acababa de cumplir veintiséis años. Su generalato será largo, dilatado, vitalicio. Allí, en la pequeña capilla donde una vez por semana se celebra la Eucaristía que reúne a toda la comunidad de Amiens, se inicia su larga y fecunda maternidad sobre el Instituto.

A muy pocos pasos de esta capillita, sólo con atravesar el patio interior, se entra en la capilla del colegio. Es un templo neogótico, espacioso y lleno de luz. Pero es mucho más. Es un exvoto que perpetúa el recuerdo y el homenaje de la Congregación a su largo y fecundo generalato. Todas las casas del Sagrado Corazón contribuyeron a su construcción. Era ya el ocaso de su vida. La Madre Barat iba a asistir a la colocación de la primera piedra. Su enfermedad se lo impidió. La iglesia fue consagrada en el año 1867, dos años después de la muerte de la Fundadora y bajo el gobierno de la Madre Goetz.

Entre los pocos pasos que separan la capillita primitiva de la gran iglesia se encierra toda una vida de santidad. Y de autoridad también, ejercida en la mansedumbre.

Una vez elegida Superiora General, el Capítulo continuó presidido por la Madre Barat. El problema de las Constituciones era arduo, pero no admitía dilación. Así lo estimó el Padre Varin, que, finalmente, declinó su condición de Superior al hacerse cargo del Generalato la Madre Barat.

Pero el Capítulo no pudo cumplir su propósito. La influencia de St. Estève era más honda de lo que parecía. Sus ideas chocaban fuertemente con las de la Madre Barat. Por el momento, el acuerdo era imposible. Hubo que contentarse con un esbozo provisional —parecido al Plan abreviado de Grenoble— para someterlo a la aprobación del obispo de Amiens. No se podía hacer más.

Con profundo dolor se dio cuenta Sofía de que se encontraba ante una gravísima crisis. Se avecinaban días de sufrimiento interior. Había que hacerse fuerte en la oración y en la confianza.

Efectivamente, la tormenta desatada por St. Estève iba a ser muy larga y aparatosa. Sólo en el año 1815, con ocasión del segundo Capítulo General, se daría por superada. Y el escenario sería precisamente la casa de Amiens. Hubiera querido Sofía permanecer allí durante esos azarosos años. Presentía las dolorosas llagas que se iban abriendo en esa comunidad. Pero el Espíritu soplaba a pleno pulmón en las velas del Instituto y la Madre Barat tenía que volver a sus correrías.

Mientras las nubes de la crisis se adensaban sobre Amiens, lucía el pleno sol del espíritu más genuino en otros muchos lugares en los que la Sociedad iba plantando su tienda. En 1806 dejó en marcha la fundación de Poitiers. Allí reinaba la pobreza y la piedad. El solo pensamiento de la entrañable comunidad de Poitiers compensaba a la Fundadora de las amarguras que le proporcionaba la situación de Amiens.

El año 1808 trajo la alegría de tres fundaciones: Cuignières, Gante y Niort solicitaron la presencia de las religiosas. El árbol del Sagrado Corazón iba creciendo. Y en cada lugar encontraba Sofía las que serían sus firmes raíces. Por entonces se agregó otra porción de nombres a la larga letanía de las «mujeres fuertes» de la Sociedad: Josefina Bijeu, Teresa Maillucheau, Susana Geoffroy, Emilia Giraud, Ana Gramont d'Aster.

Un motivo de alegría, entre las muchas penas, fue la aprobación de la Sociedad firmada por el emperador Napoleón Bonaparte en 1807. La autorización abría luminosas perspectivas a la tarea educadora, que empezaba a ser ya muy considerable. El decreto estaba firmado en el campamento de Osterode (Prusia), donde el Emperador descansaba antes de reemprender la campaña de Rusia.

Pero cada vez que la Madre Barat retornaba a Amiens volvían a abrirse las heridas. La crisis tomaba rumbos peligrosos, lejos de arreglarse. La Superiora mantenía la comunidad en un laudable clima de fervor, pero bajo una creciente influencia de St. Estève. Se podía hablar de un influjo invasor.

¿Quién era y qué pretendía este hombre? Resulta curioso escuchar la narración de los episodios de esta crisis precisamente de la boca del actual capellán de Amiens. Es un canónigo de mirada azul y sedoso pelo blanco que, al hablar de St. Estève, le llama irónicamente «mi querido antecesor». El es hombre pacífico y buen conocedor, además, de los archivos de Amiens.

—¿Cuál fue, a su juicio, el defecto de St. Estève?

—¡La vanidad, sin duda!

—¿Y su error?

—El haberse pasado de la raya.

—¿Es verdad que se consideraba cofundador de la Sociedad?

—Así lo creía él. Pero la verdad es que se quedó en «confundidor»...

El juicio no puede ser más certero. St. Estève sembró la confusión en el Instituto. Menos mal que otros ojos vigilaban para que la cizaña no sofocase al trigo limpio.

Su nombre completo es Juan Bautista de Sambucy de St. Estève. Nace en 1771 y estudia en el Seminario de San Sulpicio. Se ordena sacerdote en la época del terror. En seguida aparece como capellán de la comunidad de Amiens. En junio de 1812 lo meten en la cárcel como «sospechoso de maniobras sediciosas», acusación por otra parte vaga y que nunca pudo probarse. Es curioso, no obstante, el juicio que de él hace el expediente policial como «espíritu particularista e inclinado a dominar». El retrato coincide con el que hoy hace de él su querido y pacífico sucesor.

St. Estève, al tomar la dirección espiritual de la comunidad tan reciente aún, advirtió que manejaba cera blanda y se creyó llamado a moldearla. Ignoraba que otras manos ya de antiguo venían realizando esa tarea.

La osadía de St. Estève encontró un aliado de primer orden en el carácter dominador de Ana de Baudemont. A través de ella logró filtrar sus ideas en un sector de la naciente comunidad. La ausencia de Sofía, embarcada en la fundación de Grenoble, fue la ocasión que aprovechó la M. Beaudemont para abrir de par en par las puertas al influjo de St. Estève. Cuando la Fundadora volvió, la siembra apuntaba ya sus frutos. La imposibilidad de redactar unos Estatutos en el primer Capítulo General había sido la declaración de la gran crisis.

Tanto la Madre Barat como el propio Padre Varin vieron con sorpresa cómo las ideas del capellán, empeñado en ser el legislador del Instituto, volatilizaban el espíritu del Sagrado Corazón. El equilibrio entre acción y contemplación quedaba roto. La decidida inspiración en San Ignacio y en Sta. Teresa desaparecía de plano.

St. Estève había pergeñado un esbozo de Constituciones que venían a ser una extraña amalgama de las Reglas de San Basilio con rasgos propios de la espiritualidad de las clarisas y de las ursulinas. Tenía su explicación. Una hermana suya, que antes había sido ursulina, era a la sazón profesa en la calle del Oratorio. Por su parte, Ana de Beaudemont procedía de un convento de clarisas.

Ni siquiera el nombre de la Sociedad respetó St. Estève. Prefería llamar a las religiosas «apostolinas». Nada digamos de la devoción al Sagrado Corazón y de la educación de las jóvenes. Todo había sido peligrosamente alterado por el «confundidor».

La crisis era tan honda, que al alcance de cualquiera estaba que allí se ventilaba nada menos que el ser o no ser del Instituto. La inquietud y el malestar en el seno de la comunidad se hacían cada vez más graves. La Madre Barat, traída y llevada por la Providencia a nuevas fundaciones, vivió aquellos años el sobresalto de la prueba. Sus sufrimientos los compartían las fieles compañeras de primerísima hora, que veían cómo el cáncer iba ganando terreno a favor de las obligadas ausencias de la Madre Barat.

¿Qué hacer? ¿Renunciar a la expansión de la obra en sus fundaciones? ¿Permitir que el árbol naciese irremisiblemente torcido?

La talla interior de Sofía se reveló en esta crisis en toda su gran estatura de santidad. Empleó una táctica bien clara: Trabajó sin descanso y confió su obra en las manos de Dios.

En la casa de Amiens se conserva con veneración una «tribuna» que daba a la antigua iglesia de los Padres del Oratorio. En ella oraba Sofía y puede decirse que en ella aguantó a pulso la «crisis de St. Estève», como aguantaría más tarde la otra crisis, aún más grave, que se planteó en torno a la sede de la casa generalicia y a la reforma del Instituto.

En esta pequeña tribuna, convertida hoy en oratorio, se encierra una de las más luminosas lecciones espirituales de Magdalena Sofía: El silencio y la confianza. Seguramente pensaba que para volver a la serenidad las cabezas calientes y a la observancia los ánimos indisciplinados, bastaba con callarse. De hecho, la bondad y la paciencia de la Fundadora fueron la clave de sus éxitos en los momentos críticos del Instituto. En las paredes de esta capilla, testigo de sus angustias y de su confianza en Dios, cuelgan autógrafos y retratos de personas que vivieron muy de cerca las zozobras espirituales de Magdalena Sofía. Son cartas y fotografías del Padre Varin, de las Madres Geoffroy, Maillucheau, Giraud...

Pero la seguridad en el triunfo final no le excusaba de buscar los medios adecuados. La primera experiencia que se derivaba de aquella prueba era la necesidad de fortalecer definitivamente al Instituto sobre la base de unas sólidas Constituciones.

A esta labor tan vital estaba entregado de lleno el Padre Varin. Lo delicado de la tarea le llevó a aislarse totalmente en el castillo de Chevroz, donde estaría también a cubierto de las dificultades que el Gobierno empezaba a poner a los Padres de la Fe.

Mientras el Padre Varin perfilaba su trabajo, Sofía acudió varias veces aprovechando sus andanzas. Había que asentar con firmeza el edificio. Se consultó también a los viejos amigos del Sagrado Corazón, y entre ellos a Luis Barat.

Amanecían por entonces días de luto en Francia. La estrella de Napoleón declinaba peligrosamente. Su derrota en la campaña de Rusia fue el grito de alarma.

A la vez que el Padre Varin y la Madre Barat trabajaban por consolidar el Instituto en el espíritu de su fundación, el inquieto St. Estève no se dormía. Al revés, continuaba en la brecha.

En junio de 1812 lo detuvo la policía de París. No se amilanó por esto. Muy al contrario. Debió de pensar que a un «fundador» le venía a las mil maravillas la corona de mártir. En su prisión remató la redacción de sus Constituciones y las hizo llegar inmediatamente a las distintas casas del Sagrado Corazón.

Las religiosas que estaban en el ámbito de su influjo las recibieron con entusiasmo. Pero eran excepción. Incluso algunas decepcionaron por completo a St. Estève. Ninguna tanto como la Madre Peñaranda, superiora de la casa de Gante. En sus venas corría sangre española, y de la estirpe de los Borja, nada menos. Rechazó de plano esas Constituciones diciendo que ella quería vivir a la sombra de San Ignacio y que, de no ser así, dejaría el Instituto.

Así las cosas, el año 1814 trajo novedades importantes. Napoleón se hundía en el abismo de sus fracasos. El papa Pío VII, antes prisionero del Emperador, apenas volvió de su destierro, firmó, en el mes de agosto, el restablecimiento de la Compañía de Jesús. Un acto de soberana fortaleza que ponía fin a la gran prueba. En cuanto conocieron la bula pontificia, el Padre Varin y todos sus compañeros pasaron en bloque a la Congregación restablecida. Esto parecía aclarar el horizonte.

Pero, entre tanto, St. Estève preparaba el chaparrón final de la tormenta. Mal visto por su obispo, pensó en acelerar sus planes de formación desde Roma. Para esto consiguió el cargo de secretario del embajador del Rey de Francia ante la Santa Sede. Sus gestiones serían así directas y rápidas.

Con esta novedad, la crisis entraba de lleno en su última etapa. Ya no era una insidia más o menos descarada. Ahora se trataba de un pugilato con todas las de la ley. ¿Cuál de los dos Institutos prevalecería?

St. Estève enviaba frecuentes noticias a sus partidarias de Amiens dando cuenta de sus gestiones y exagerando sus éxitos con el único fin de desconcertar a las fieles seguidoras de la Madre Barat. La Fundadora permaneció inalterable. Pero su alma se veía agitada por tremendas sacudidas. Por una parte, sabía que todas las casas, a excepción de la de Amiens, donde dominaba la Madre Beaudemont, se habían pronunciado claramente a favor de una acomodación al espíritu de San Ignacio. Por otra, en cambio, la osadía de St. Estève era capaz de cualquier cosa. Y, después de todo, ¿no podía manifestarse también la voluntad de Dios en aquella enojosa manera? ¿No habría que pensar en resignarse a lo que viniera de Roma? De momento, se imponía seguir «esperando» firmemente.

La conspiración de St. Estève bogaba a velas henchidas. En sus cartas hablaba de aprobación inmediata de su Instituto que contaba con el beneplácito de las autoridades vaticanas, de casas a punto de abrirse en Italia y de grupos de religiosas dispuestas a seguirle.

Pocas cosas consolaron tanto a Sofía en aquellas turbaciones como una nota escueta que le remitió el anciano Padre de Clorivière, Procurador de los jesuitas en Francia. Decía: *Priez, souffrez, patientez, espérez.* Pronto tuvo la Fundadora que echar mano de todas esas palabras juntas.

En Bélgica había por entonces una cierta prevención contra el catolicismo francés. Los sucesos de la Revolución, el encarcelamiento del Papa por el Emperador y otros episodios habían levantado fuertes protestas contra el país vecino. La Madre Peñaranda, Superiora de Gante, participaba de estas apreciaciones. A esto se unía la confusión que sembraba la crisis de St. Estève. El fuerte temperamento de la Superiora hacía temer una ruptura. En efecto, y a pesar de la intervención del Padre Varin y de la Madre Barat, se consumó la separación.

Era una rama que se desgajaba del tronco y que ponía en carne viva el corazón de la Madre. Con el tiempo, la Madre Peñaranda volvería sobre sus pasos. La Madre Barat le abrió sus brazos, la acogió amorosamente y le confió más tarde la comunidad de Beauvais, donde terminó sus días.

Quedaban todavía muchos sorbos amargos por apurar. St. Estève envió a Amiens una carta con la noticia de la apertura de una «casa madre» de su Instituto. Tres religiosas de la comunidad fueron a incorporarse. La hermana de St. Estève, una amiga suya y la Madre Beaudemont, que se les unió en el camino.

En las numerosas cartas que durante estos largos años de prueba escribió Sofía a sus hijas, derramaba la Santa la violencia de sus turbaciones y la serenidad de su corazón. Su mejor consuelo era sentir a la inmensa mayoría apiñada fuertemente en torno a sí.

Mientras St. Estève activaba sus gestiones, Sofía escribía al Provincial de los jesuitas en Italia, Padre Panizzoni, poniéndole al tanto de la situación y confiando un poco en sus manos la suerte de la Sociedad del Sagrado Corazón, inspirada en la idea de Tournély y alentada por el Padre Varin.

De la gran influencia del Padre Panizzoni en el Vaticano, se podía esperar todo. Pero su respuesta se demoraba. Ocho meses transcurrieron hasta que en agosto de 1815 llegó la ansiada respuesta. Y con ella, el rayo fulminante que descargaba toda la tempestad.

El Padre Panizzoni había dimitido de su cargo. Su secretario, un tal Stefanelli, escribía en nombre de su ex provincial. En la carta decía que el Instituto de St. Estève estaba ya reconocido por Su Santidad. Que era considerado como su único fundador y que tanto la Madre Barat como sus «cómplices» tenían que someterse a su jurisdicción. Que sólo la casa de Roma tenía la aprobación pontificia y todas las demás serían clausuradas, de no unirse a ella mediante una declaración formal de adhesión por escrito.

La carta cayó como una bomba. Era el golpe final. Todos los viejos amigos de la Sociedad opinaron lo mismo. No había otro remedio que inclinar la cabeza y aceptar.

La Santa se aprestó a consumar el sacrificio. Aquella criatura de sus sueños y de sus dolores pasaría, sin más, a manos de St. Estève. A la Madre Giraud le escribió por entonces estas palabras: «Debe de ser que el demonio se ha desatado contra nosotras. Pero yo conservo la esperanza de que la Sociedad del Sagrado Corazón renacerá de sus cenizas, porque toda obra antes de dar fruto tiene que pudrirse en la tierra como el grano de mostaza».

Magdalena Sofía Barat se comportó en este trance con un temple soberano. Fue como uno de esos árboles acometidos por el vendaval que se doblegan y se curvan, pero nunca se quiebran.

Una vez que la tempestad descargó toda su vehemencia, empezó a brillar el sol. Pronto se supo que tanto la carta como el mismo apellido Stefanelli no eran sino una burda falsificación. St. Estève no había dudado en recurrir a tan indigna maniobra. La calma renació en el Instituto. Por fin el arco iris aparecía en el cielo.

La serenidad y el silencio de la Madre Barat recogían su primer gran triunfo. Pronto llegaron noticias más tranquilizadoras de Roma. St. Estève, desenmascarado, tuvo que dejar Roma y volver a Francia donde vivió oscuramente. En pie quedaba sólo su casa de Roma, que, efectivamente, estaba autorizada a título de prueba. Pasados muchos años, la Madre Barat, olvidando los antiguos roces, visitó esta casa y a Ana Beaudemont. Una visita que fue toda una humilde lección de exquisita caridad.

Superada la crisis, no quedaba sino consolidar definitivamente la estructura del Instituto. Todo pedía la celebración de un segundo Capítulo General para realizar la labor que el de Amiens no había podido cumplir.

El 19 de noviembre de 1815, todas las superioras se reunieron en París. Allí volvían a coincidir aquellas «mujeres fuertes» que, diseminadas en las distintas fundaciones, eran los pilares del Instituto. ¡Con qué alegría debieron celebrar el triunfo de la bondad de la Fundadora y el restablecimiento de la unidad en el Sagrado Corazón!

En el convento de las Damas de Santo Tomás de Villanueva, de la calle de Sèvres, se celebraron las sesiones. Puede decirse que allí se afirmó definitivamente el Instituto. Presidió las reuniones el Padre Varin, acompañado de otro buen amigo de la obra, el Padre Druilhet. Sobre la falsilla del antiguo Plan abreviado se fueron perfilando las características del Estatuto definitivo. En él se definían claramente el fin y la esencia del Instituto.

Un sereno equilibrio entre contemplación y acción sería el rasgo fundamental de la obra. Se establecía el generalato a título vitalicio y un Consejo General en torno a la Superiora. Se declaraba la más estricta sumisión al Santo Padre y a los Obispos.

Las Constituciones pormenorizaban después escrupulosamente la elección de las aspirantes, la formación en las virtudes típicas del Instituto, la vida exterior y las obras de apostolado y el gobierno de la Sociedad.

La generosidad sería la virtud fundamental, seguida muy de cerca por el amor a la pobreza. Y la educación de la juventud femenina constituía el campo específico de apostolado.

Cuando el 16 de diciembre todas y cada una de las reunidas renovaron su compromiso ante el abate

Perrau, nombrado Superior eclesiástico delegado del Instituto, debieron de sentir cómo la obra del Sagrado Corazón entraba en un franco y lozano desarrollo. Hasta entonces era un árbol tierno. La gran crisis le obligó a convertirse en tronco robusto. Abandonaba la infancia para adentrarse en una prometedora juventud.

Quedaba la pequeña tarea de reconciliar a las disidentes y acoger a las inquietas. La Madre Barat lo hizo con manos de algodón. Su corazón de madre supo suavizar y ungir todos los roces antiguos. Era el remate maternal de su labor.

En la casa de Amiens es donde cobra mayor relieve este perfil de la Santa. En toda maternidad hay dolor. Un sereno dolor que el amor mismo se encarga de transformar en gozo. En esta casa es imposible imaginarse a la Madre Barat si no es marcada por el sufrimiento. Un sufrimiento que había de madurar definitivamente su apacible y difícil santidad.

Así, al menos, lo veía yo mientras la Madre Mottez me iba explicando con el entusiasmo de una novicia «los recuerdos del pasado». Ha ido guardando con verdadero mimo todo cuanto puede referirse a su Santa Madre. Conservando unas cosas, rescatando otras y queriéndolas a todas. La Madre Mottez es un poco un archivo viviente. Entre comentarios sabrosos y graciosamente apasionados, me va enseñando su tesoro. Nadie, a excepción del museo de la casa generalicia de Roma, puede presumir de conservar tantos recuerdos de la Santa.

Me muestra los cuadritos que pendían de las paredes de su estancia. Una gran caja redonda que le servía para obsequiar con bombones a las colegialas cuando venía a Amiens. Veo con curiosidad varios libros de su uso. En algunos aparece el sello de la Madre Beaudemont con las palabras *Maison d'Institution d'Amiens*. Sobre él se pegó más tarde otro que dice: *Sacré Coeur*.

Para quien sabe todo lo que hay detrás de esas simples palabras, un símbolo muy elocuente.

Dos cosas me han llamado poderosamente la atención en este entrañable museo de la Madre Mottez. La primera es un curioso reglamento que la Santa escribió para las primeras alumnas del Sagrado Corazón. Lo he releído con verdadera fruición. Es un alarde de sentido común y de modernidad. Está fechado el 2 de octubre de 1806. ¿No es admirable que por aquel entonces insista la Madre Barat en la celebración anual de las fechas de recepción de los sacramentos? ¿No parece este un consejo brotado de la espiritualidad litúrgica de hoy?

Lo comento con la Madre Mottez. Ella me ilustra entusiasmada:

—Tenía lo que se llama «el sentido de la Iglesia», ¿sabe?

—Hoy hubiese sido una enamorada de la liturgia —le digo.

—Pero ¿no sabe usted que tuvo mucha amistad con Dom Gueranger?

El otro documento que me ha encantado también es de gran curiosidad. Se trata del primer libro de cuentas de la casa. Abarca desde el 1 de enero de 1802 hasta el 1 de agosto de 1821. Del principio al fin es un canto a la pobreza. Podía haberlo escrito cualquier frailecillo de San Francisco. Aquí figuran los gastos mínimos, aquí se adivinan los apuros económicos, aquí los nombres más antiguos junto a las humildes facturas. ¡Qué escrúpulo y qué finura detrás de estos números menudos!

La Madre Mottez ha conservado también grabados, fotografías, planos. Todo cuanto pueda tener relación con la santa y sea capaz de hacer vivo su recuerdo. Aunque la verdad es que en esta casa no harían falta reliquias para que esté bien fresca su memoria. Lo está en todos y cada uno de los rincones. Las largas estancias y las visitas de la Fundadora han dejado aquí anécdotas abundantes.

Aquí estuvo aquel primer pensionado del Sagrado Corazón donde Sofía y sus compañeras hicieron los primeros ensayos educativos. Amiens no sólo fue la cuna del Instituto, sino también el primer hogar de la familia del Sagrado Corazón.

El colegio vivió a la sombra de la catedral. ¿Cuántas veces se extasiaría la Madre Barat ante sus pórticos y vidrieras? Esto sí que es una «Biblia abierta». Basta con abrir los ojos para que entren hasta el alma los misterios que se cobijan en los tímpanos y triunfan en la gloria de la gran fachada. Ahí está ese portentoso *Beau Dieu* en el parteluz del pórtico central. Es el eje de todo ese mundo de ángeles y santos que pueblan la catedral. Y aún más cerca del convento del Sagrado Corazón está la famosa «Virgen dorada» con su maternal sonrisa.

Amiens puede vivir tranquilo en tan entrañable compañía. De hecho, es una ciudad tranquila. El ritmo moderno que domina en sus calles, renacidas poco menos que de las cenizas, no ha logrado perturbar la paz de Amiens. Uno se creería en cualquier ciudad nórdica donde el silencio es huésped fijo y respetado por todos.

El Amiens moderno está simbolizado en esa atrevida altura de la torre de Perret, que surge en el centro de la ciudad nueva. Son nada menos que ciento cuatro metros. Pero allá, en el fondo, triunfa la catedral. Ciento doce metros tiene en su flecha más alta.

Cuando uno se aleja de Amiens por la llanura de Picardía es difícil sustraerse a su encanto. Erguida como un chopo y luminosa como un faro. Como si señalase el puerto donde la historia del Sagrado Corazón tiene su primera singladura.

GRENOBLE

En la historia del Sagrado Corazón, Grenoble es un capítulo lleno de luz. Y en la vida de Magdalena Sofía Barat, un recuerdo bendito. Cierto que aquellos años de Amiens fueron pródigos en amarguras. Pero no podían faltar las salpicaduras de la consolación. Y los consuelos de entonces tuvieron un nombre bien concreto: Sainte Marie-d'en-Haut.

Grenoble es una pieza clave en toda esta historia. Más, uno de los pilares donde se asienta. Yo diría el trampolín de la grandeza apostólica del Sagrado Corazón. Aquí se apoyó el Instituto para dar un salto gigantesco en la obra de Dios. De ese nido de águilas colgado en la montaña, que es el convento de Ste. Marie-d'en-Haut, partió el poderoso vuelo misionero de la obra de la Madre Barat. Apenas salió del callejón de la crisis, el Sagrado Corazón empezó a desbordarse buscando lejanos y heroicos horizontes espirituales. Sería la prueba definitiva de la madurez. El impulso a un camino ancho de servicio a la Iglesia.

Es posible que Sofía, tan avezada a oír la voz de Dios en el silencio, sospechase algo de esto cuando por primera vez se puso en camino a Grenoble. Era el año 1804 y el mes de noviembre terminaba ya su cuenta.

Nunca como entonces tuvo que abandonarse tan plenamente en las manos de Dios. En la casa de Amiens se notaba un molesto desasosiego. La crisis rondaba. ¿Cómo dejar por un tiempo esa comunidad tan frágil aún? ¿Era prudente pensar en una nueva fundación? ¿No sería más sensato consolidar ésta? Y, luego, el viaje. De Amiens a Grenoble hay la friolera de ochocientos kilómetros. Se dice pronto. Pero en el lenguaje de entonces eran más de doscientas leguas en diligencia.

No he podido menos de pensar en el coraje de la Madre Barat, peregrina de todos los caminos de su tiempo, cuando hacía yo el mismo viaje. Si uno viaja en el TGV de París a Lyon, que es el trayecto más largo, se encuentra con un tren que apenas si toca los rieles. El trayecto dura casi un suspiro. Los viajes de la Madre Barat se cuentan por largas letanías de días y noches.

Ni he podido menos de evocar las narraciones que ella y sus compañeras de andanzas nos han dejado de estas correrías. Las esperas interminables en los caminos de postas. Los caprichos del ganado, que amenazaban con estrellar a los viajeros en las cuestas abajo y les obligaban tantas veces a apearse en las cuestas arriba. Y las posadas. Con qué gracejo teresiano nos habla la Fundadora de la calaña de sus huéspedes, de las largas noches de frío, de la poco edificante compañía. Ni más ni menos que si estuviese uno pasando las páginas de las «fundaciones» de Sta. Teresa. En cambio, este tren que devora kilómetros como si cortase espuma...

Sofía hizo muchas veces este camino de Grenoble entre traqueteos de carruaje, montones de bultos y oraciones tercamente musitadas. La verdad es que una gran parte de su vida la dejó por los caminos. Le tocó ser peregrina. Pero este recorrido lo hacía con sumo agrado.

Saliendo de París y pasados los bosques tan espesos de Fontainebleau, encontraba en seguida el curso plácido y solemne del Yonne, el río de sus recuerdos de Joigny. Su curso va escoltando el camino y la lleva a su paisaje borgoñés. Pronto, en medio de esa calma soleada descubría su pueblo. Las torres, los tejados y la colina de St. Jacques.

Sofía aprovechaba sus idas y venidas para pasar unas horas junto a los suyos. Bastaban para dejar en aquella casa de la calle Puits-Chardon un perfume de serenidad. Y le gustaba que sus compañeras de viaje supieran de sus orígenes humildes y de la sencilla honradez de sus padres.

El camino sigue hasta Dijon llano y estirado, como la palma de la mano. Luego, otra jornada de trote ligero, para pasar la noche en Lyon. Cruzando el curso del Ródano, amplio y majestuoso como un gran señor, el paisaje empieza a cambiar. Se deja atrás la dilatada llanura de Borgoña para afrontar las pendientes de los Alpes. El cambio se hace con suavidad. Poco a poco. Pero se nota cómo las montañas, aún lejanas, van imponiendo su ley. El tren apenas lo acusa, pero el carromato de entonces... Había que trepar hasta el mismo Grenoble, la capital de los Alpes franceses. Se entra en la ciudad por el estrecho valle que separa el Delfinado de la región de Saboya. Encajonado entre las montañas, corre allá abajo el Isère, que atraviesa Grenoble.

Sofía llega por primera vez a esta ciudad el 13 de diciembre de 1804. La nieve es inevitable en estas fechas y en esas alturas. Aunque es cierto que la nieve es durante todo el año buena amiga de Grenoble. O de sus contornos por lo menos. No hace falta acercarse a Chamonix o a Galibier o a cualquiera de las archifamosas estaciones invernales, paraísos de esquiadores, teleféricos y refugios de montaña. La nieve, o se pisa en las calles de Grenoble o se ve copiosamente caída en las montañas que rodean la ciudad. De cualquier manera, el espectáculo de Grenoble es impresionante. Como un anfiteatro rodeado de altos y blancos graderíos.

Pero Sofía no hizo tan largo viaje para contemplar la belleza de esta ciudad ni sus calles que, como dicen las guías turísticas, terminan siempre en una montaña. Por más que también buscaba una montaña en la tarde invernal de su llegada.

La traía tan lejos una carta apremiante del Padre Varin. La recibió en Amiens a primeros de noviembre. Decía: «...encontrará (en Grenoble) algunas personas que le ayudarán, pero una sobre todo. Aunque estuviese ella sola y en el fin del mundo, valdría la pena que fuese hasta allá a buscarla».

Sofía vio tan clara la voluntad de Dios en estos acuciantes términos, que dejó inmediatamente Amiens y se lanzó a la aventura del largo viaje. Durante toda su vida, no dejó de bendecir su decisión.

Pero ¿de quién se trataba? ¿A quién se referían los elogios tan encendidos del Padre Varin? El «tesoro» en cuestión era Filipina Duchesne que esperaba a la Madre Barat en Ste. Marie-d'en-Haut. Este encuentro compensaría a la Fundadora de las muchas tribulaciones que punzaban su corazón.

Rosa Filipina Duchesne había nacido en Grenoble el 29 de abril de 1769. Tuvo una infancia feliz. La educación que recibió en su casa se completó con la que le dieron las Salesas o Visitandinas en Ste. Marie-d'en-Haut. Este convento, unido entrañablemente a la ciudad de Grenoble, lo fundó Santa Juana de Chantal. En la fundación tuvo parte muy activa el mismo San Francisco de Sales y su presencia dejó una huella imborrable en el monasterio. Se cuenta que, en la noche del 28 de diciembre de 1662, mientras Juana de Chantal hacía oración, oyó una voz que decía *il n'est plus*, y a la misma hora fallecía en Lyon el santo Obispo. Terminaba así una larga y fraternal amistad espiritual entre los dos.

La revelación de la muerte de San Francisco de Sales recuerda aquella otra que tuvo Santa Escolástica del fallecimiento de su hermano San Benito.

Cuando Filipina terminó su educación, no abandono la montaña de Ste. Marie-d'en-Haut. Hacía

La «Vierge du Sourire», en la Parroquia de St. Thibault

Mater Admirabilis —*,fresco de la Trinita dei Monti—, realizado por Paulina Perdreau, en 1844*

tiempo que se sentía inclinada fuertemente a la vida religiosa. Allí mismo se entregó, con el ímpetu que caracterizaba su persona, a la formación del noviciado. Antes de pronunciar los votos, estalló la Revolución. Se cerró el convento y las religiosas tuvieron que emigrar.

Durante los años que duró la prueba, Filipina se multiplicó en los mayores riesgos y desplegó una ardorosa actividad de ayuda espiritual y material. Organizó un grupo de jóvenes que acudían a remediar, en lo posible, las necesidades de ese momento. Los carceleros conocían bien a Filipina. En su convento de la montaña custodiaban a los presos del Terror. Su presencia era familiar en los hospitales, a la cabecera de los moribundos, en los escondrijos de los perseguidos. Se ingeniaba para llevar un sacerdote donde hiciese falta. Incluso la comunión si era necesario.

Pasadas las horas del terror, Filipina, sin dudarlo un momento, se volvió a Ste. Marie-d'en-Haut. El convento, vacío, profanado por los revolucionarios, era como los restos de un naufragio. Había que resucitarlo. Pero la prueba había sido muy dura. Muchas de las antiguas religiosas habían muerto. Otras no se sintieron con ánimos para volver. El horizonte no estaba claro, ni mucho menos.

Filipina tenía entonces unos treinta años. Con ella, en el viejo convento, había sólo dos profesas, una postulanta, una hermana coadjutora y ocho alumnas. Se palpaba la lenta agonía de la fundación.

Filipina había alimentado siempre una impaciente vocación misionera. La idea volvía ahora a acosarla con insistencia. ¿Valía la pena seguir encerrada entre aquellas ruinas? ¿No sería mejor pensar en las lejanas misiones? Pero ¿cómo abandonar la rica tradición de santidad que atesoraba aquella casa?

Estando en estas perplejidades, oyó hablar de los Padres de la Fe, que se habían establecido en Lyon. Su primera visita al Padre Varin fue en el verano de 1804, precisamente el día de San Ignacio. El Padre la puso al tanto de la fundación del Sagrado Corazón y le ponderó el temple espiritual de Sofía. Filipina no tardó en decidirse. Ella, con las otras, se agregaría a la nueva Sociedad.

El Padre Varin tuvo que moderar su impaciencia. Las obras de Dios requerían pasos firmes. Filipina descubrió desde el primer momento el ardor de su espíritu: «Pero, Padre, ¿no dice la Escritura, hablando de Dios, que El camina con pasos de gigante? Si San Francisco Javier hubiese procedido con tanta lentitud, ¿hubiera empujado tan lejos el reino de Dios?» Al Padre Varin le bastaron estas palabras para comprender que estaba ante una mujer excepcional. Y le faltó tiempo para comunicárselo a Sofía. Filipina podía ser una pieza clave en la naciente Sociedad, y el convento de Grenoble, la solución a la insuficiencia de Amiens.

Cuando Sofía y Filipina se abrazaron por primera vez en la tarde del 13 de diciembre de 1804, las dos comprendieron que nacía entre ellas una larga y fecunda amistad. La obra entera del Sagrado Corazón se beneficiaría del encuentro. Era como si en el cauce, ya crecido, del Instituto desembocase de repente un gran afluente.

Dios había enlazado desde siempre en su Providencia las vidas de Sofía Barat y Filipina Duchesne. La profunda amistad que se forjaba entre ellas no excluía una radical diversidad interior. Filipina tenía prisa por llegar al fin, Sofía caminaba hacia él con paso seguro. Eran el fuego y la luz de una misma llama. Sofía iluminaba con su serenidad. Filipina quemaba con sus ardores. Filipina y Sofía, dos caras de la misma moneda, llamadas a ser los dos pilares más robustos del Instituto. La una aseguraría sus raíces en la hondura de la solidez espiritual. La otra haría crecer el árbol con pujanza hacia afuera. En realidad, un mismo celo consumía a las dos. A Filipina como un incendio. A Sofía con la eficacia del fuego lento.

La primera estancia de la Madre Barat en Grenoble duró un año. Cuando dejó la «casa de la montaña» corrían ya muy malos vientos en Amiens. En cambio, en Ste. Marie-d'en-Haut se respiraba un saludable y fervoroso sosiego interior.

La Madre Barat realizó en aquel período una obra maestra de tacto espiritual. El pequeño grupo que encontró a su llegada distaba mucho de ser un solo corazón. Ni podía serlo siquiera. Las pocas que se habían congregado junto a Filipina, antigua salesa, procedían de congregaciones distintas. Había que aunarlas a todas e inculcarles después el espíritu del Sagrado Corazón. Las manos de la Madre Barat eran de seda para semejantes labores. Y el consejo del Padre Varin le acompañaba siempre. Por entonces recibió la consigna: «firmeza a su tiempo, dureza jamás. Caridad siempre y en todas partes». Sofía podía emprender satisfecha el regreso a Amiens. En Grenoble dejaba encendida una luz. Y, por cierto, en lo alto de la montaña.

Mientras la Fundadora hacía frente al temporal de Amiens y conducía la nave a nuevos puertos a pesar de la borrasca, Filipina volvía a sentir sus antiguas impaciencias misioneras. Era un ideal que acariciaba desde la infancia. Inflamada por el espíritu del Sagrado Corazón, quería llevar su mensaje al fin del mundo. En sus frecuentes cartas a la Madre Barat insistía machaconamente. ¿No había ya llegado la hora de dar a la fundación una proyección misionera? ¿A qué había que esperar?

Sofía tuvo que moderar sus ansias durante mucho tiempo. «No se trata sólo de ir —le escribe—, sino de saber dónde se va y qué se puede hacer allí». Pero Filipina volvía una y otra vez a la carga. Un día, le hablaba de las misiones de América. Otro, le contaba el paso de un misionero por Ste. Marie-d'en-Haut. Más adelante le pedía que le enviase una bendición, pero la bendición del incienso, porque ella quería «quemarse» en el servicio de Dios.

Durante los años de la crisis, Sofía volvió repetidas veces a Grenoble. Allí descansaba de sus viajes y encontraba un profundo consuelo interior. El espíritu de Filipina mantenía al vivo el fervor de la comunidad, en tanto que su vocación misionera se iba templando en la oración. Sofía le aconsejaba, además, calma. Pero eso era pedir demasiado.

El Jueves Santo de 1806, Filipina pidió permiso a la Madre Barat para permanecer toda la noche delante del Santísimo. No tardó en escribirle las profundas experiencias de aquella noche santa. Durante doce horas completas, que pasaron como un suspiro, había «vivido» en América. Sintió a la vez los ardores de San Francisco Javier y los dolores del Señor en el camino de la cruz. De punta a cabo recorrió el continente y se ofreció a quemar su vida por la extensión del reino del Sagrado Corazón en aquellas tierras. La carta termina con la urgencia de siempre: «Madre, no bien me diga: Yo te envío, contestaré inmediatamente: Voy».

Sofía volvió a recomendar serenidad. Había que esperar a que se dejase oír la voz del Señor. Pero en aquella experiencia mística de la noche santa, ¿no había ya, al menos, un susurro de su Voluntad? Antes de que se hiciese acento claro y firme, pasarían aún muchos años. Largos años para la impaciente Filipina.

El final de la crisis de St. Estève y la reunión del segundo Capítulo General la trajeron a París. Aquí fue elegida Secretaria General del Instituto. Filipina se alegró íntimamente de esto porque así podía seguir muy de cerca a su querida Superiora. Pero ¿no iba a ser aquello el fracaso de sus sueños misioneros?

Por lo que pudiera suceder, ella continuaba en la brecha. De vez en cuando «importunaba» a la Madre Barat para que no olvidase su petición. Algunos amigos del Instituto habían aceptado con simpatía la idea misional. Incluso el Padre Barat, entonces en Burdeos, que enviaba a París puntualmente noticias de los barcos que zarpaban para América persuadido de que el proyecto estaba ya maduro. ¿Estaría la voz de Dios a punto de dejarse oír?

El 14 de enero de 1817, Filipina, encargada de la portería del noviciado de París en aquel momento, abrió la puerta de casa a un sacerdote. Quería ver a la Madre Barat y se presentaba como obispo de Nueva Orleans. La improvisada portera vio de pronto los cielos abiertos. No cabía duda. Aquel hombre, Monseñor Dubourg, tenía que ser el enviado de Dios.

En efecto, el obispo se entretuvo largamente con la Superiora y le expuso su deseo de contar en su lejana diócesis con algunas religiosas del Sagrado Corazón. La Madre Barat no pudo menos de hablarle de las ansias misionales de Filipina Duchesne. Monseñor quiso entrevistarse en seguida con ella. La conversación fue larga. Había venido a Europa con el único fin de reclutar ayuda y estaba convencido de haber encontrado un tesoro. Filipina, por su parte, se habría embarcado aquel mismo día. Pero tuvo que frenar aún sus ímpetus durante un año largo.

El obispo continuaba su reclutamiento por Italia. Mientras, algunos amigos de la Sociedad consultados sobre el proyecto no veían clara su oportunidad. ¿Había garantías suficientes de poder mantener una fundación en América? ¿No era prematuro levantar el vuelo tan temprano?

La Madre Barat agudizaba el oído para escuchar la voz de Dios. Y, por fin, le pareció llegada la hora. El obispo regresaba de sus viajes dispuesto a llevarse a las religiosas. La Madre Barat no lo pensó más y decidió buscarle compañeras de viaje a Filipina.

Se pensó en un grupo de cinco religiosas para la fundación de América. La primera de las elegidas era Octavia Berthold. Procedía de Grenoble y era hechura de la Madre Duchesne. Su padre fue secretario de Voltaire y ella perteneció al calvinismo hasta los veinte años. Tenía ahora treinta. La segunda era Eugenia Audé y venía de la casa de Quimper. Allí se había formado a la sombra de la Madre de Gramont d'Aster. A éstas había que añadir la ayuda inapreciable de dos hermanas coadjutoras: Catalina Lamarre y Margarita Manteau. Entre todas iban a escribir las páginas de una de las aventuras misioneras más ejemplares de los últimos tiempos.

La despedida fue particularmente dura para Sofía y Filipina. No volverían a verse. Desde aquel momento se iniciaría, en compensación, una correspondencia frecuente, intensa, inflamada. Filipina contará punto por punto, con su apasionado estilo, todas sus experiencias misioneras. Sofía destilaría en sus cartas a América las mejores esencias de su corazón. ¿No era el mismo caso, ya tan lejano, de Ignacio de Loyola y Francisco Javier?

El barco que llevaba a América a las misioneras era el *Rebeca* y zarpó de Burdeos. Con el pequeño puñado de religiosas parecía hacerse a la mar la Sociedad entera. Para Filipina la travesía fue interminable. Hubiera querido reunir todos los vientos para que empujasen con más fuerza. Su corazón bogaba mucho más de prisa que el navío. El diario consigna todas las peripecias de la travesía: tempestades, sustos con el encuentro de corsarios, el paso y repaso del trópico hasta cinco veces. Casi tres meses hasta que el barco enfiló las aguas del Misisipí. El 29 de mayo de 1818 pisaron tierra de América. Era la fiesta del Sagrado Corazón. ¡Feliz y prometedora coincidencia!

La diócesis de Mons. Dubourg era inmensa. Primero pensó en establecer a la comunidad en la lejana estación de San Luis de Missouri, pero cambió de parecer a última hora y se establecieron en San Carlos.

Aquello era la selva y el desierto a la vez. Filipina comprendió entonces la magnitud de su aventura. Había llegado a América ni más ni menos que a enterrarse. Otras vendrían a recoger el fruto.

Hasta su querida montaña de Ste. Marie-d'en-Haut llegaban con frecuencia los ecos de su heroica abnegación. Vivió treinta y cuatro años en América y murió allí, como el grano de trigo en el surco. Por eso su presencia continúa viva en aquellas tierras, lo mismo que su influjo. Treinta y cuatro años se dicen pronto, pero son una larga jornada. Filipina tuvo tiempo para sembrar y sufrir.

Los Estados Unidos tenían recién estrenada su independencia. En las regiones de Louisiana y Missouri se acumulaba una población heterogénea. Blancos inmensamente ricos que explotaban a negros e indígenas de una pavorosa incultura.

Las religiosas del Sagrado Corazón se instalan en la más rotunda pobreza. Filipina escribe sobre «la felicidad de carecer de pan y de agua». Sus cartas traen a la Fundadora la garantía que ella desea para su Instituto. Una vez, la Madre Barat había escrito: «temo para vosotras los peligros de la prosperidad más que los de la persecución». Esa persecución, bajo el disfraz de todas las adversidades, no se despega de la Madre Duchesne en América.

Filipina aguanta, como un gigante, contrariedades del clima, fiebre amarilla que se lleva un buen puñado de sus hijas, aparente esterilidad de su labor, la nostalgia de su patria y de su convento que la asaltan en momentos de desánimo. Incluso la forzada inactividad a que le obliga la ignorancia de la lengua de los indígenas.

Su estancia entre los Potowatomies fue el remate de su aventura misional. Filipina había pedido insistentemente ser liberada de su carga de Superiora, para consumir sus días entre los indios. En los confines del Missouri existía un poblado, sede de una tribu de indígenas cristianos que habitaban en la colonia de Sugar Creeck. La Madre Duchesne tenía setenta años cuando fue a vivir con ellos. Ignoraba su lengua y era difícil comunicarse, pero rezaba. Hasta tal punto que los indios la llamaban «la monja que siempre reza».

Su figura misionera se agiganta en los últimos años con la oración y el sufrimiento. Con razón su sobrina, la Madre Jouve, escribió desde allí: «He visto a Pablo en el desierto. He visto una gran santa que acaba sus días».

Cuando expiró, el 18 de noviembre de 1852, en América, donde había desembarcado con cuatro compañeras, eran más de trescientas las religiosas del Sagrado Corazón. Su vida había sido fecunda a pesar de su sensación de fracaso. No mucho antes de morir escribió: «Jamás he tenido triunfos personales, pero Dios me ha hecho la gracia de gozar con los éxitos de los otros».

La víspera de su muerte, la Madre Duchesne recibía la visita de las religiosas que acababan de llegar de Europa. Venían a fundar en América del Sur. Llegaban con el tiempo justo para recoger de aquellas manos venerables la antorcha misionera. Pronto el incendio prendería en todo el continente. De Norte a Sur, América sería campo misional para el Instituto. Hoy aquellas siembras son fruto abundante.

No sé si hasta ahora se ha puesto suficientemente de relieve la gigantesca talla de esta «conquistadora» y de su extensa maternidad espiritual. El Papa Pío XII, en la ceremonia de Beatificación exaltaba la magnitud de la empresa y la comparaba con los grandes misioneros españoles del Nuevo Continente. Filipina Duchesne pertenece, por mérito propio, a la clara estirpe de Pedro Claver, Martín de Porres, Junípero Serra... El Sagrado Corazón encontró en ella el alma de Francisco Javier y, como él, llevó las fronteras del Instituto hasta los mismos confines del mundo. Juan Pablo II la canonizó el 3 de julio de 1988.

Filipina escribió en una ocasión: «Si mi carne pudiera convertirse en dinero, la regalaría con gusto para sostener a las misiones». Hoy, su cuerpo, enterrado en América, es como el abono que asegura la fertilidad de una abundante cosecha. Gusta pensar y ver cómo a la sombra de ese árbol —los santos son siempre árboles de hoja perenne— se cobija una grey innumerable de religiosas y alumnas de todo el continente americano.

Y gusta pensarlo, sobre todo, aquí, en la estrechez de Ste. Marie-d'en-Haut, que fue el trampolín de tamaña aventura.

Venir a Grenoble y no subir a la montaña sería imperdonable. Es uno de los «lugares santos» del Sagrado Corazón. Sus rincones están poblados de recuerdos y de presencias. Hay que recorrerlos con tanta curiosidad como devoción.

Ste. Marie-d'en-Haut es hoy un lugar casi abandonado. Domina como un mirador toda la ciudad, y conduce hasta allí una carretera que sube bordeando «los jardines del Delfín» y ascendiendo en rampas la escarpadura de la montaña. La mayor parte de la edificación se debe a San Francisco de Sales. Fue la cuarta fundación de las Salesas. Curiosamente, el obispo fundador, tan amigo de los jesuitas como devoto del Sagrado Corazón de Jesús, prodigó en esta casa los escudos y los corazones como un signo de predestinación del edificio.

En un fuerte muro se ven aún las ventanas enrejadas donde estuvieron presos muchos sacerdotes durante la época del terror. Allí acudía Filipina a llevarles alimentos y más de una vez se arriesgó a llevar también la comunión.

Para recorrer los alrededores del viejo monasterio hay que subir y bajar por callejuelas estrechas. El terreno es muy irregular. Las casas se apelotonan junto al convento y humean sus curiosas chimeneas en todos los tejados vecinos. Todo es humilde en este sabroso lugarejo. Se piensa sin esfuerzo en los entrañables y paupérrimos lugares de Asís.

Muy cerca de la gran puerta renacentista, donde figura una estatua de San Francisco de Sales con la inscripción borrada y ennegrecida, pasa la antigua calzada romana. Los romanos fundaron la ciudad antes de Cristo como un baluarte para el paso de los Alpes.

El convento está hoy, en gran parte, en manos de la Escuela de Bellas Artes. Esto lo preserva de la ruina total, pero no lo libra de un destino poco adecuado a su rica tradición espiritual. En sus celdas y patios reina un desbarajuste bohemio de talleres, caballetes, esbozos y modelos. El edificio tiene su centro en un gracioso patio de gusto italiano con arcadas cegadas en gran parte. En medio y sobre el césped descuidado, dos bonitos pozos de brocal. El lugar tiene un indudable y humilde encanto. Para este sitio pudo haber escrito la Madre Barat: «El Carmelo debería ser plantado en el Sagrado Corazón como el árbol más bello de este dulce jardín».

En un ala del patio, el antiguo comedor de la comunidad. Imposible no evocar en él las penitencias clandestinas de la Madre Duchesne, que rociaba de ajenjo su pobre comida. Todo respira una pobreza suma. Aquí está el genuino espíritu del Sagrado Corazón y aquí se encontraba en su ambiente la Fundadora mucho más que en las obligadas elegancias del Hotel Biron. Esta pobreza es hermana gemela de la de Joigny.

Los muros sólidos y desnudos, las escaleras estrechas, el claustro tan reducido, evocan la pobreza alegre de un Carmelo. ¡Lástima que los estudiantes pintarrajeen las paredes con motivos tan poco concordes a la herencia mística de la colina!

Uno de los rincones más emotivos de Ste. Marie-d'en-Haut es, sin duda, el corredor «del encuentro». No pasa de ser un pasillo oscuro que comunica el patio central con una puerta que se abre en el costado del edificio. Pero en él se encontraron y se abrazaron por primera vez Sofía y Filipina. Toda la escena despide un intenso aroma bíblico. Fue como el encuentro de dos venerables Patriarcas. Filipina se arrodilló humildemente y saludó a la Fundadora con las palabras del salmo: «Felices los pies de los que llegan a la montaña evangelizando la paz y el bien». Sofía no acababa de salir de su asombro mientras estrechaba entre los brazos a la Madre Duchesne.

Cuando, años después, Filipina partió para América, la Madre Barat recordaba tan feliz encuentro en la montaña y lo comparaba a aquel otro de María y de Isabel a raíz de la Anunciación y rendía homenaje a la amistad que nació en ese abrazo intenso. «Sería demasiado triste despedirse si no existiese la esperanza de volver a encontrarse», escribió entonces.

Atravesando el corredor se sale a la propiedad que rodea el convento. Allí impera el abandono. Los hierbajos crecen sin escrúpulos acá y allá. Pero los árboles son los de entonces. Los que oyeron tantas conversaciones sabrosas a la hora del recreo.

La olvidada finca se articula en terrazas que salvan graciosamente el desnivel de la montaña y asoman al visitante sobre el espléndido panorama de la ciudad.

Esta fue la obra santamente ruinosa de la Madre Teresa Maillucheau, tan gran contemplativa como fatal administradora.

En un rincón de la huerta, junto a la tapia, queda todavía en pie el templete que se levantó para cobijar los restos de la popular Aloisia Jouve. Desde los balconcillos se goza una portentosa vista de Grenoble. La ciudad se acuesta en el fondo del valle, lamida por el Isère y guardada por los altos picachos nevados de los Alpes. El aire huele a montaña y los grillos cantan sin reposo. Grenoble es para ser vista cuando está inundada de sol. Parece una ciudad incendiada.

A lo lejos se ven las pesadas industrias del cemento y las descarnaduras hechas en las montañas. Grenoble se despierta a un ritmo vertiginoso. Se la ha llamado la «ciudad champignon» de Francia.

Enfrente del mirador de Ste. Marie-d'en-Haut se ve el campanario de San Andrés, donde bautizaron a Filipina. Un poco más allá, la noble arquitectura del Ayuntamiento, donde se alojó el papa Pío VII camino de su prisión. Desde este mismo balconcillo, las alumnas del Sagrado Corazón saludaron al Pontífice agitando los pañuelos. Y el venerable anciano respondió enternecido flameando el suyo también.

El corazón del convento sigue siendo hoy la capilla, cuidadosamente restaurada con arreglo a su elegante traza barroca. Es monumento nacional. Esto explica que se haya salvado del abandono y garantiza a la vez su vida para el futuro.

A pesar de ser una iglesia rica, hasta lujosa si se quiere, lo que vibra en ella, sobre todo, es la imborrable presencia espiritual de los que aquí rezaron. San Francisco de Sales, cuyo confesonario se conserva. Santa Juana de Chantal y Santa Magdalena Sofía en aquellos sitiales del coro. La Madre Duchesne y el recuerdo de «la noche santa». Aquí también los arrobos de la Madre Maillucheau y las gracias místicas de

Aloisia Jouve. Y la santidad, conocida sólo por Dios, de aquellas Salesas y de las Religiosas del Sagrado Corazón que convirtieron el recinto en una montaña sagrada. ¿Cómo no pisar con veneración estas losas?

Aquí se comprenden plenamente las palabras de la Madre Barat: «Nuestra familia se hundiría si Dios no le hubiese reservado algunas almas interiores y de oración».

En esta rica tradición de santidad sí se explica el impulso misionero del Sagrado Corazón y la atrayente grandeza de Filipina Duchesne. Su presencia parece habitar estos rincones tan queridos.

Al volver a repasar las escaleras estrechas y los muros descarnados, la religiosa que me acompaña me ha traído a cuento otra frase que aquí cuadra como en ningún otro lugar: «Preferiría que esta pequeña Sociedad tan visiblemente bendecida por Dios no existiera, antes que ver debilitarse en ella el espíritu de pobreza». Y la ha citado con profunda convicción.

Al final de la visita, cuando ya descendemos los primeros desniveles de la colina, me explica con una mezcla de ingenuidad y femenina vanidad espiritual, cómo este lugar tiene para ella un encanto particularísimo. Resulta que desciende por línea paterna de San Francisco de Sales y, por la familia de su madre, de Santa Juana de Chantal. Por lo visto, los dos santos habían expresado el deseo de quc sus familias emparentasen para poder unir los apellidos. Ahora me explico yo la mal disimulada emoción que durante la visita ponía en cada comentario.

En el regreso, es difícil no volverse a mirar este «nido de águilas» que va quedando allá arriba, colgado de la montaña. Ste. Marie-d'en-Haut es un nombre bendito en el Sagrado Corazón. Se pronuncia siempre con innegable respeto, como una añoranza. Entre sus ruinosas paredes duermen los más queridos recuerdos.

Junto con las Madres Barat y Duchesne, otras religiosas dejaron una marcada huella de santidad. Emilia Giraud, por ejemplo, la primera novicia que traspasó el umbral de la fundación. Eufrosina Jouve, sobrina de la Madre Duchesne y una de las primeras alumnas del colegio.

El caso de esta «chiquilla» merece punto y aparte. Fue un raro prodigio de santidad. La huella de Dios había marcado a fuego su alma y estaba espléndidamente dotada. Cuando, muy joven aún, decidió quedarse en la montaña como novicia, todas las miradas del Instituto se fijaron en ella. ¿Qué raro encanto tenía esta criatura? La misma Madre Barat recomendaba a su tía, la Madre Duchesne: «Cuiden con todo esmero de esta niña. Usted sabe que es la esperanza de la Sociedad. Y por cierto que no es mérito nuestro».

Eufrosina iba a dibujar dentro del Instituto un nuevo ideal de santidad. A su vista tenía el estilo sereno y profundo de la Fundadora, el ardor impaciente de su tía, la quietud contemplativa de su Superiora, la Madre Maillucheau. Ella encarnaría un tipo distinto de todos. Su modelo espiritual estaba en San Luis Gonzaga. Por eso cambió su nombre de Eufrosina por el de Aloisia. El espíritu soplaba con prisa en su alma. Como si en poco tiempo quisiese hacer mucho camino. Sus progresos espirituales eran sorprendentes y su carrera iba a ser muy corta.

Una rara enfermedad, implacable y lenta, se declaró cuando aún no tenía veinte años. Toda la Sociedad se unió en la oración para arrancar de la muerte a la joven novicia. ¡Imposible! Ella misma no ocultaba su prisa en morir. Al superar una de sus crisis comentó: «He tenido dos o tres momentos durante la noche en que creí firmemente que me iba, y me veo aquí. Morir sería mi felicidad completa».

Su dilatada agonía duró en realidad cinco años, dio ocasión a la más tenaz conspiración de oraciones que recuerda la Sociedad del Sagrado Corazón. La Madre Barat, en un arranque de piadosa exigencia, llegó a nombrar a Aloisia, ya agonizante, Maestra de novicias. Había que forzar al cielo. Pero el cielo tenía propósitos muy claros sobre Aloisia Jouve.

Poco después de su muerte, en 1821, empezó a hablarse de gracias obtenidas por su intercesión, y de milagros, y la tumba se hizo lugar de peregrinaciones de la noche a la mañana.

En un extremo de la huerta de Ste. Marie-d'en-Haut, la Madre Maillucheau proyectó un enterramiento a tono con la fama de Aloisia. Es un templete que existe aún junto a la cerca. La marea de devotos iba subiendo y la Madre Maillucheau se sentía feliz.

Pero las continuas visitas, la clausura abierta a los peregrinos, ponían en peligro la regularidad del convento y la disciplina del colegio. La Madre Barat tuvo que intervenir. Velando por la integridad espiritual de Ste. Marie-d'en-Haut, la Fundadora «ordenó» a su antigua novicia que cesase de hacer milagros. ¡Y Aloisia obedeció! Cuando, años más tarde, la Madre Desmarquet le pidió a la Madre Barat una explicación sobre aquel hecho singular, la Santa sólo acertó a decir que había querido velar por el bien espiritual de aquella casa.

La Madre Maillucheau es otra de las presencias tutelares de Ste. Marie-d'en-Haut. Curioso y simpático el perfil de esta mujer. Procedía de Burdeos y había ingresado en Poitiers. Fue Superiora en Grenoble. Muy dotada para la contemplación, no pisaba con los pies en la tierra. De Grenoble pasó a Marmoutier. La tradición de este lugar le ayudó a acentuar su entrega al ideal contemplativo, y como el tipo perfecto de alma contemplativa ha pasado a la historia del Instituto: A ella se debe en gran parte que la montaña de Ste. Marie-d'en-Haut sea uno de los lugares que rezuman santidad, una montaña sagrada... como lo es esa otra montaña tan escondida y tan famosa donde se asienta la Gran Cartuja.

Aquello sí que es el paraíso de la contemplación. Treinta kilómetros la alejan de Grenoble y la ocultan las primeras fragosidades de los Alpes. Parece increíble que San Bruno pudiera aventurarse por esos parajes de montañas inmensas con profundas quebradas. La Gran Cartuja está encaramada a mil metros de altura bajo la cresta de un enorme picacho. La impresión de grandeza es soberana cuando campea el sol en el espléndido paisaje alpino. Junto a la carretera y a la entrada del recinto monacal, un cartel previene a los visitantes:

> «Les moines, qui ont consacré leur vie à Dieu, vous remercient de respecter leur solitude dans laquelle ils prient et s'offrent en silence pour vous».

No hay más remedio que retirarse. Mirar todo aquello abriendo mucho los ojos y marcharse después. Allí se vive la contemplación cara a los valles hondos, las cimas arrogantes y las nieves poco menos que perpetuas.

POITIERS

Llovía intensamente cuando llamé a las puertas de *Les Feuillants* de Poitiers. La cosa carecería de importancia, si no se tratase de una curiosa coincidencia. Cuando Magdalena Sofía Barat llegó por primera vez a esta casa llovía también reciamente. La página de su llegada a este monasterio es una de las más vivas de todo el «Journal de Poitiers».

El viaje en la diligencia había sido largo y lento. Siete leguas por jornada desde Grenoble, hay que tomárselas con paciencia. Las peripecias fueron abundantes y pintorescas en las posadas donde fueron a dar con sus huesos la Madre General y su compañera, la Madre Giraud. De una de esas posadas, escribía con humor que «la universidad de las ratas celebraba sus asambleas a altas horas de la noche». El último tramo del viaje, de Limoges a Poitiers, tuvieron que hacerlo en el pescante de un carromato atestado de mercancías. Los bultos bailaban peligrosamente con el traqueteo del carricoche por las estrechas y empinadas callejuelas de Poitiers. Las dos monjas, sentadas junto al cochero, empapadas de lluvia, ofrecían un espectáculo bien peregrino. Así llegaron al viejo caserón de *Les Feuillants*.

Era la tarde del 23 de julio de 1806.

Una llegada tan lastimosa se le habría antojado a cualquiera mal presagio. Sin embargo, tras aquellas puertas, la Madre Barat vivió las horas más plácidas, quizá, de su existencia. Y el Sagrado Corazón iba a convertir esos muros en uno de sus primeros baluartes espirituales.

La casa de Poitiers es aún hoy una pura memoria. Para quien viene de Grenoble, también un alivio. La visita a Ste. Marie-d'en-Haut apena el ánimo. El lamentable abandono, los recuerdos dormidos que hay que ir despertando en cada rincón, esa sensación de hogar apagado donde sólo quedan cenizas y ruinas. Venerables y cargadas de emoción, pero ruinas, al fin y al cabo.

En Poitiers todo es recuerdo, memoria viva y caliente. Todo parece estar en el mismo lugar que entonces. Los años no han transcurrido. Cuando uno anda y desanda por su silencio, tiene la impresión de que va a encontrarse con la Madre Barat a la vuelta de una esquina. Estos muros espesos, estos techos abovedados, estos corredores de intenso sabor monacal, conservan intacto el recuerdo de su estancia.

Y su estancia en *Les Feuillants* fue precisamente silenciosa, pacífica. Mientras en la casa de Amiens se agitan los ánimos movidos por la osadía de St. Estève, la Fundadora vive en Poitiers «largos silencios». Esta casa es su Manresa, el rincón de su apacible soledad.

En Poitiers se descubre una nueva dimensión de la Madre Barat. Cada una de las primeras fundaciones tiene un carácter propio, es un capítulo distinto de la historia del Sagrado Corazón. Amiens, con el nacimiento de la Sociedad, la turbación de la crisis y el triunfo de la paciencia, descubre el talento y pulso de la Fundadora. Grenoble es la hoguera del Sagrado Corazón. De ahí salen las primeras chispas misioneras que van a propagar el incendio por el mundo. Poitiers es la «cátedra espiritual» de la Madre Barat, «maestra de almas» por encima de todo. El silencio y la soledad son los mejores aliados de su lúcido magisterio espiritual.

A Poitiers llegó la Madre Barat movida sólo por la fe. Así, a secas. La idea de una nueva fundación no llegaba a entusiasmarla. ¿No sería forzar mucho el ritmo? De Amiens llegaban las primeras noticias inquietantes. Su presencia se reclamaba como imprescindible. Le expuso sus dudas al Padre Varin. Pero él le contestó llamándola *trembleuse perpétuelle*. «No me explico —decía— qué gusto puede hallar en temblar siempre. Por mi parte, prefiero esperar y amar».

Los «temblores» de Sofía venían de su humildad. Eran los titubeos característicos de todo elegido. Y es que la conciencia de sentirse instrumento de Dios despierta con inusitada fuerza la persuasión de la propia pequeñez. Sofía llevó siempre en su interior esa extraña sensación que nace de la seguridad absoluta de la fuerza de Dios unida a la experiencia de la propia debilidad.

La fundación de Poitiers nacía así de la confianza en Dios. Sofía no hizo sino dejarse llevar de su mano.

Los preparativos para la entrada en esta ciudad se debían, una vez más, al celo bien probado, de los Padres de la Fe. Durante una misión conocieron a Josefina Bigeu. Una joven distinguida y con una cultura poco común. Su nombre pasará a la lista de «mujeres fuertes» de la Sociedad. Compartía sus tareas pedagógicas con Mlle. Lidia Chobelet de Bois-Boucher, que había comprado, después de la Revolución, el viejo edificio de *Les Feuillants*. Una abadía fundada en 1681 por el rey Luis XIII, que la puso en manos de los monjes cistercienses. Situada en uno de los rincones más sosegados de la ciudad, es un lugar muy apropiado para la vida religiosa.

La Revolución lo dejó vacío y Mlle. Chobelet lo adquirió con la idea de restaurar en él la vida monástica.

Con algunas compañeras llevaba adelante un intento de fundación religiosa y a la vez se ocupaba de la educación de los niños. Las dos tareas progresaban con mucha lentitud. El encuentro con los Padres de la Fe sugirió a las dos una solución que aceptaron plenamente. Pondrían el edificio en manos del Sagrado Corazón y pedirían ingresar en sus filas.

Así las cosas, los religiosos dieron la noticia al Padre Varin, quien inmediatamente instó a Sofía para que se pusiese en camino.

El diario del noviciado de Poitiers conserva minuciosamente los detalles de la fundación. Es un delicioso documento escrito de la mano misma de la Madre Barat y sirve como guía perfecta a la hora de visitar el monasterio.

Su primera entrada en esta casa, bajo una lluvia torrencial, fue por una puertecilla situada en el costado del poniente de la vieja abadía. Se conserva allí una escalera de piedra donde saludaron a la Fundadora Mlles. Chobelet y Bigeu, las dos directoras de aquel colegio tan precario.

En torno al convento se extiende una dilatada finca. En pendiente suave llega hasta la carretera, en el fondo del valle. La propiedad, mitad huerta, mitad jardín, está llena de recuerdos de la Santa.

Uno de los más evocadores es el viejo y ampuloso nogal. Cobijaba a su sombra a la Madre Barat rodeada de sus novicias. Esta estampa de la Madre Barat hablando a las religiosas apiñadas a su alrededor puede ser muy bien la imagen definitiva de su estancia en Poitiers. Era la sombra del nogal la cátedra de su magisterio espiritual al aire libre. Sus conferencias a las comunidades nacieron aquí y se conservan cuidadosamente en los archivos de la Sociedad.

Allí y en aquellas conferencias iba desgranando Sofía el espíritu del Instituto. Su labor como Fundadora no la entendió sólo poniendo en marcha las distintas casas, sino, sobre todo, inculcando a las religiosas el espíritu de la fundación. En el noviciado de Poitiers. Sofía se entregó de lleno a esta tarea. Allí se sintió plenamente fundadora. O, mejor dicho, instrumento de Dios. Solía decir que la Sociedad no tenía más fundador que el Sagrado Corazón y soportaba de mala gana que la llamasen fundadora.

Por entonces y respondiendo a la consulta de algunas religiosas que se mostraban preocupadas porque otros Institutos tomaban también el nombre del Sagrado Corazón, escribió la Madre Barat: «Vamos a distinguirnos entre todos por la humildad y el Corazón de Jesús nos reconocerá en seguida».

Este era el rasgo fundamental y el que había que copiar por encima de todo. «Cada Instituto —decía a las novicias— estudia el espíritu de su Fundador. Nosotras, por tanto, tenemos que meditar el espíritu del nuestro: el Corazón de Jesús».

El noviciado de Poitiers se poblaba de aspirantes. Estaba en él la esperanza del Instituto. Al volver de un breve viaje a Burdeos, la Madre Barat vino acompañada de un grupo de jóvenes. Entre ellas estaba la futura Madre Teresa Maillucheau.

Las aspirantes iban aprendiendo de sus labios las lecciones fundamentales de la mística del Sagrado Corazón. El programa que exponía la Madre Barat en su cátedra improvisada bajo el nogal era tan simple como firme. Las novicias lo escuchaban con ojos y oídos bien abiertos. En realidad, era un programa para valientes, aunque la Fundadora lo explicaba con su característica mansedumbre.

El primer paso en el espíritu de la Sociedad consistía en despojarse de sí misma por la continua abnegación. Cristo llenará ese vacío interior. Unirse a El y conformarse con sus sentimientos las hará capaces de realizar una misión apostólica.

Aquí se entretenía la Madre Barat con insistencia. La espiritualidad del Sagrado Corazón busca un sereno y armonioso equilibrio entre la contemplación y la acción. No es la clásica orden encerrada en el silencio de los contemplativos. Nace para servir a la sociedad sembrando en ella el amor al Corazón de

Jesús y siendo levadura en la entraña de la masa. Por eso se impone también la acción. Entre una y otra actividad tiene que existir una estrecha correspondencia. La Fundadora dejó escrito: «Bien es cierto que nuestra vocación es tan contemplativa como activa; pero yo diría que la contemplación tiene que dominar y sostener a la acción».

Estas reflexiones sobre la esencia de su obra no eran simplemente materia de coloquio espiritual con las novicias en la calma de la huerta de *Les Feuillants*. Eran un modo de afirmarse en las horas decisivas que estaban viviendo. Y para esto, también, Sofía se refugiaba en la soledad de Poitiers. La crisis de Amiens obligaba a penetrar a fondo en la finalidad y en los medios específicos de la fundación. Por otra parte, en 1807, un decreto del Emperador otorgaba la aprobación civil al Instituto. A la alegría de ver sancionada la Sociedad por la ley civil, sucedió muy de cerca un grave contratiempo. Otro decreto imperial suprimía la congregación de los Padres de la Fe. Se acusaba de monárquicos a sus miembros. El Padre Varin se lo escribió a la Madre Barat.

Fue un rudo golpe. El apoyo, la guía espiritual de la Fundadora, tenía que desaparecer de escena. Y precisamente en el momento en que las nubes se hacían cada vez más negras sobre el cielo de Amiens. El trance era grave para la Sociedad, tierna aún. Sofía volvió a refugiarse una vez más en el silencio y en la oración.

La presencia de la Madre Barat en el noviciado de Poitiers fue algo más que un intenso magisterio espiritual. Fue, además, un profundo y tesonero aprendizaje de oración. Supo armonizar en sus idas y venidas por los paseos de la huerta conventual las dos famosas actividades. Fue maestra y a la vez discípula atenta y entregada en el silencio a la voz de Dios.

En un extremo de la finca, junto a la alta cerca de Piedra, hay todavía una capillita dedicada a San José. Era el lugar preferido para su soledad, donde se refugiaba con frecuencia y donde permaneció los quince días del célebre retiro que recordó siempre como su «cueva de Manresa».

¿Qué pasó entre Dios y Sofía durante esos días de retiro? Todo el secreto de aquellas soledades felices quedó entre las paredes de la capilla de San José, en el fondo de una de las avenidas del jardín.

Las novicias y las religiosas velaban su retiro con una creciente veneración. La Madre Maillucheau escribió por entonces en sus memorias: «Había en su persona un no sé qué de Jesús que nos llegaba al alma. Sentíamos todas que teníamos una santa entre nosotras».

Cuando la Madre Barat dejaba su retiro, volvía a reunirse con la comunidad en las horas de recreo y charlaba sobre el espíritu del Sagrado Corazón. Es curioso verla alternar con tanta facilidad el oficio de discípula y el de maestra. Por algo Bernoville escribió: «La compenetración de las facultades de acción y contemplación era en ella singular».

Magdalena Sofía veía cada vez más claros los contornos espirituales de su obra. Uno solo podía ser su fin: la gloria del Corazón de Jesús. Sobre esto no había duda posible. La devoción al Corazón de Jesús fue el germen inicial y el sueño del Padre Tournély, que, providencialmente, ella tenía que realizar. «Ya saben —decía a las novicias— cómo nuestra Sociedad nació del último acto de crueldad cometido contra la persona de nuestro Salvador. Fue entonces cuando, en cierto modo, quedó revelada la devoción al Sagrado Corazón». El medio específico de santificación era, por tanto, bien claro. Y la educación de la juventud, la obra más apropiada para difundir esta devoción. Estas eran las líneas maestras.

Mientras la Madre Barat las meditaba en la soledad de Poitiers, el Padre Varin, reducido a una obligada y molesta inmovilidad en el castillo de Chevroz, perfilaba los rasgos generales de las Constituciones del Instituto. Alejados entre sí las coincidencias serán tanto más significativas. Un mismo espíritu iluminaba sus mentes y enardecía el corazón. Las silenciosas y graves meditaciones de uno y otro desembocaron en el Capítulo General de 1815, en París, con el fruto maduro de las Constituciones y el triunfo de la unidad en el Sagrado Corazón.

La cruz de piedra de la huerta de *Les Feuillants*, a cuatro pasos de la capillita de San José, tiene grabadas en sus brazos estas letras: c.u. a.u. Se descifran en seguida: *Cor unum anima una*. El santo y seña de la Sociedad. Está escrito en aquella cruz y en la que cada religiosa lleva colgada al pecho.

El santuario del Sagrado Corazón, en Poitiers, es la celda donde habitó la Madre Barat. Son dos estancias muy reducidas. La que fue aposento de la Santa conserva aún una chimenea de campana cubierta de plaquitas y exvotos. En la habitación contigua hay una capilla pequeña, simple, como lo es todo en la antigua abadía.

Los *Feuillants* enamoran por su escueta sencillez. Esta es la casa, entre todas las del Sagrado Corazón, que conserva mejor el aire monacal. El sabor del Cister sigue pegado a sus paredes, a las maderas oscuras, a los altos techos y a los árboles añosos.

Hoy, el convento tiene, en realidad, dos edificios distintos. El nuevo es el que se asoma a la estrecha calle de Feuillants y se construyó en tiempos de la Madre Barat. Un jardín lo separa de la vieja abadía, donde las religiosas del Sagrado Corazón han tenido un colegio hasta 1962. Luego se transformó en residencia universitaria, pues Poitiers cuenta con un fuerte contingente estudiantil. A pesar de ser una ciudad

Mater Admirabilis *(detalle)*

Sta. Rosa Filipina Duchesne, primera misionera de las religiosas del Sdo. Corazón

pequeña, es *ville savante* con una luminosa tradición espiritual.

Este convento de Poitiers, donde la Madre Barat «reinaba por su bondad», ha sido durante mucho tiempo noviciado de Hermanas. y famoso, por cierto, en los cinco continentes. Lo hizo célebre una modista de Madrid que murió aquí en el año 1923 y que se llamaba Josefa Menéndez.

Es este un nombre que hay que pronunciar con respeto. Dios se apoderó de ella «ferozmente», como si hubiese querido demostrar al mundo que El es «un fuego devorador». Un día le dijo a Sor Josefa: «Déjame hacer de ti lo que quiera».

Venía yo repensando estas palabras precisamente mientras rodaba el tren por la suave campiña que rodea Orleans. El recuerdo de Juana de Arco es inevitable. También ella fue una elegida de Dios. Aquella campesina de Domrémy y esta modista madrileña son una misma historia con distinto apellido. Son la historia de Dios que suscita sus mensajeros, sus profetas, y que habla a los hombres a través de instrumentos inverosímiles, A Juana de Arco, el dedo de Dios la empujó ante el rey y ante el pueblo entero de Francia. A Josefa Menéndez le dijo: «Tú eres el eco de mi voz» y le mandó escribir, punto por punto, lo que El le comunicaba. Todo el mensaje de Cristo a través de Sor Josefa está recogido en un libro que ha dado la vuelta al mundo en todas las lenguas y que se publicó por primera vez en 1938. Se titula *Un llamamiento al Amor*. Y es imprescindible traerlo entre las manos cuando se viene a Poitiers.

Resulta emocionante que en este noviciado, que la Madre Barat cuidó con tanto esmero, haya florecido tan precioso fruto espiritual como la santidad de Sor Josefa Menéndez, que es, ante todo, el triunfo de Dios en la pequeñez.

El 12 de junio de 1923, ya muy próxima a su muerte, el Señor descubrió a la novicia el secreto de su misteriosa elección: «Te he elegido a ti porque, siendo inútil y desprovista de todo, he de ser Yo el que hable, el que pida, el que obre en ti». Y a uno se le va sin esfuerzo el pensamiento a las páginas del Antiguo Testamento en que se nos cuenta la elección de los profetas.

Josefa lo dejó escrito todo, a diferencia de su Madre y Fundadora. El alma de la Madre Barat la conocemos sobradamente a través del testimonio de cuantas personas convivieron con ella durante los largos años de su existencia. Tenemos, además, el cúmulo ingente de sus catorce mil cartas. En ellas derrama Sofía su corazón cuando se dirige a las más íntimas colaboradoras de su obra. En ellas brilla su doctrina espiritual cuando escribe a sus múltiples casas. Pero son cartas, todo cartas. Nos falta, en cambio, esto que Sor Josefa nos dejó con minuciosidad exhaustiva: su diario espiritual. En él hubiésemos podido asomarnos al abismo de amor y de humildad que era su alma y hubiésemos podido gozar del perfume de sus más íntimas comunicaciones con Dios. Pero, la Madre de Limminghe lo quemó todo porque ese era el deseo de Magdalena Sofía.

En cambio, Sor Josefa no dejó escapar una coma de cuanto oía. ¿Por qué el Señor quiso hacer confidente de su Corazón precisamente a esta humilde novicia? ¿Por qué eligió para manifestarse el noviciado de Poitiers que la Madre Barat había alimentado con su doctrina espiritual? Podrá pensarse lo que se quiera, pero, en todo caso, esta elección de Dios se nos antoja espontáneamente como una señal de su complacencia. Como si hubiese querido afirmar que sí, que el Instituto de la Madre Barat era efectivamente el Instituto de su Corazón.

La vida de Sor Josefa había sido todo lo «singular» que puede ser la vida de una modesta costurera. Trabajo, días buenos, dificultades, costura. Lo verdaderamente singular empezó en el noviciado de Poitiers, donde murió a los treinta y tres años de edad y cuatro nada más de vida religiosa. Su vida fue así de breve. Como el paso de una centella.

Había nacido en Madrid en 1890. Sus padres eran gente tan humilde como honrada del barrio de Leganitos. Allí había un colegio del Sagrado Corazón que luego destrozó la guerra civil. Josefa, ya muchacha, entró en relación con las religiosas y se unió a ellas con lazos de verdadero cariño.

Eran los años de aquel Madrid alegre y zarzuelero en el que precisamente a las modistillas se les reservaba un lugar de honor en las verbenas y en los tablados de las fiestas de barrio; pero Josefa no frecuentaba este ambiente. Su alma aspiraba a más y el dedo de Dios señalaba ya otro camino.

Su excelente disposición para la costura movió a algunas bienhechoras de la familia a buscarle un taller de renombre. Allí perfeccionó Josefa su habilidad y a la vez comenzó a sentir inclinación a la vida religiosa. El clima de aquel taller de «buen tono» le hacía desear algo menos vacío. A diario era testigo de grandes vanidades, de conversaciones frívolas, de vidas aplastadas por el artificio.

A todo esto, Josefa acudía con frecuencia al Sagrado Corazón de Chamartín. Allí encontraba el clima espiritual adecuado a sus deseos. Y también halló la ayuda material necesaria para independizarse en su trabajo. Era ya una consumada modista, estimada y cotizada. Josefa supo, durante sus mejores años, de los atascos de trabajo en su taller, de los madrugones para poder rematar un compromiso. La situación económica de la familia había empeorado a la muerte del padre y la aguja de Josefa no tenía más remedio que moverse sin descanso. Eran los años mozos y la ya renombrada costurera seguía pensando en el convento.

Las horas libres y los domingos los empleaba en visitar enfermos en compañía de algunas amigas. Su relación con las religiosas de Chamartín le movió a solicitar repetidas veces el ingreso como coadjutora en el Sagrado Corazón. Pero el camino no parecía muy abierto. La situación penosa de su familia y los argumentos sentimentales de su madre la hicieron volver atrás por el momento.

Después de cada intento fallido, volvía a su costura y a su clientela. Entre patrones y esperanzas, encargos, pruebas y anhelos cumplió los veintinueve años. Había que decidirse de una vez. Su rumbo estaba ya decidido por Dios.

A Chamartín llegaron por aquellas fechas noticias de que en el noviciado de Poitiers escaseaban las jóvenes. Se pedía auxilio a Madrid. Josefa lo supo y le pareció llegada la hora. Solicitó en firme la admisión. Las dificultades, tan fuertes anteriormente, apenas existieron esta vez. No hubo que hacer grandes esfuerzos para convencer a su madre. Esto no dejó de causar extrañeza a las religiosas que la conocían y al mismo Padre Rubio, director de Josefa. Aquello parecía providencial.

Y lo era. Josefa acababa de pisar con su decisión esa tierra sagrada donde se ve a Dios de cerca y se escuchan sus secretos. Aquella tierra que pisó Moisés descalzo, para acercarse a la hoguera que ardía sin consumirse. A partir de ese momento la vida de Josefa Menéndez —tan breve ya— será una pura conversación con el Señor.

A su llegada a Poitiers, en febrero de 1920, nadie pudo barruntar lo portentoso de sus pasos. Cuando se despidió de Madrid, alguien le preguntó:

—¿Qué harás sin saber francés?

Josefa se encogió de hombros y contestó:

—Dios me lleva...

Pero la frase no parecía significar algo distinto de una firme decisión. Cualquiera hubiera respondido así. Sin embargo, Josefa debía sentirse movida ya por Dios. Un día escucharía de El estas palabras: «Déjate conducir con los ojos cerrados que Yo soy tu Padre y los tengo abiertos para guiarte».

En el noviciado de Poitiers comenzó su gran aventura cogida de la mano de Dios. Josefa era una novicia más. Se ocupaba en cortar y coser los uniformes de las niñas principalmente. Sus compañeras la veían asidua al trabajo y a la oración. Siempre el canastillo a su lado y el gran crucifijo sobre la labor. Cosía primorosamente. Por lo demás, sus progresos en el francés eran escasos y pronto quedó retrasada con respecto a sus hermanas. Era una novicia normal y corriente.

Pero Josefa vivía ya un alucinante idilio interior. Dios la había escogido para sus planes y la llevaba apresuradamente por sus caminos. Quería hacer llegar al mundo un mensaje por su medio. No era la primera vez que escogía una insignificante novicia para el mismo cometido. Josefa Menéndez es heredera directa de Isabel de la Trinidad, de Teresita del Niño Jesús, de Margarita María de Alacoque. De ésta sobre todo, porque también la hizo el Señor depositaria de los secretos de su Corazón. Josefa tendría que lanzar al mundo «un llamamiento al Amor». Ella lo escuchó muchas veces: «Yo soy Dios, pero Dios de Amor».

En el tercer piso de Poitiers me han enseñado el lugar donde ocurrió un diálogo que se diría calcado en aquel otro que cuenta Santa Teresa de Jesús, también en un pasillo de su convento abulense.

Iba Josefa como todas las noches a cerrar ventanas. Jesús le salió al encuentro.

—¿De dónde vienes, Josefa?

—De cerrar las ventanas, Señor.

—¿Y adónde vas?

—A terminar de cerrarlas.

—No sabes contestar, Josefa. Tienes que decir: vengo del Amor... voy al Amor, pues ya subas o bajes, estás siempre en mi corazón, que es un horno de Amor... y Yo estoy contigo.

Esto ocurrió en el tercer piso, pero cada baldosa del noviciado de Poitiers podría contar una escena semejante. El Corazón de Jesús habló a Josefa en todos los lugares de la casa. Como si hubiese sido un impaciente idilio entre dos enamorados. Hoy sobrecoge pisar por estos pasillos, subir y bajar estas escaleras frecuentadas asiduamente por El.

Esa devoradora historia de amor que vivió la novicia madrileña era un mensaje para todo el mundo. Por eso recibió de Dios el mandato de escribir punto por punto sus experiencias. Las superioras y su director, el dominico Padre Boyer, conocieron al detalle los episodios diarios de la aventura espiritual de Josefa. Y puede conocerlos cualquiera si se toma el trabajo de hojear sus escritos. No dejará de sentirse pasmado, envuelto en el vértigo de Dios.

Lo más sorprendente es que a los ojos de sus compañeras de noviciado siguió siendo una novicia más. Cumplidora, bondadosa, edificante. Pero nada más. El Señor fue celoso de su normalidad y únicamente a los superiores quiso descubrirles la «otra cara» de su vida. Ellos tuvieron noticia exacta de todo.

La presencia de la Virgen María se hizo también habitual en los claustros del noviciado y con Ella se acercó muchas veces a Sor Josefa su Madre y Fundadora, la Madre Barat, que le dijo una vez que «estaba entre sus hijas mucho más a menudo de lo que ellas creían».

Todo esto me lo cuenta, con una sencillez olorosa como el tomillo, una anciana religiosa que conoció a Sor Josefa y la atendió durante su enfermedad. Es todo una lluvia de cosas sorprendentes, increíbles, pero adobadas de una tal «pequeñez» que no hay más remedio que inclinar la cabeza. Aquí se palpa esa presencia imponderable, ingrávida, de lo sobrenatural. Había que pisar de puntillas en este caserón de Feuillants, donde la santidad, la de Sofía Barat y la de Josefa Menéndez, se ven tan a la mano, tan de cerca y donde parecen resonar aún las pisadas de Dios.

Josefa era demasiado poca cosa para aguantar aquel fuego devorador. Su carrera espiritual era fulminante. El 16 de julio de 1923 hacía los primeros votos. Le quedaban unos meses de vida. En diciembre se acentuó su agotamiento y la trasladaron a la enfermería. Escribió entonces a su madre anunciándole su muerte en una carta que se conserva: «Yo no me siento enferma. Mi muerte creo que es más bien de amor». Sólo entonces, durante su última enfermedad, trascendió a sus compañeras de noviciado lo extraordinario de su vida.

Su muerte ocurrió el 29 de diciembre de 1923. Durante los días de su agonía la comunidad vivió prácticamente en su celda. Se respiraba el tránsito de una santa. Todas querían asistir al desenlace de aquella desconcertante aventura espiritual. Pero Sor Josefa murió sola. Nadie, ni la hermana que la atendía, escuchó sus últimas palabras. Se ausentó un instante en busca de una medicina. Cuando volvió, la encontró muerta.

Dios había consumado su obra. Pero ¿qué ha sido del llamamiento al Amor? ¿Lo ha escuchado el mundo?

A Poitiers se acercan a menudo gentes muy lejanas que han captado el mensaje. El guardián del cementerio donde está la tumba de Sor Josefa lo sabe bien. Está ya acostumbrado a las visitas más peregrinas. De tal manera, que apenas le deja a uno hablar...

—¡Oiga, por favor!

—Sor Josefa, ¿no?

—Sí, eso...

—Allá en el fondo, cerca de la tapia.

Para llegar al cementerio desde Les Feuillants hay que descender a la hondonada por donde discurre, apretado entre dos contrafuertes rocosos, el río Clain. La ciudad queda en lo alto enjuta y empinada. El Clain es un río humilde que aquí, en este valle comprimido, recibe el no menos humilde tributo del Boivre. Se pasa un pontezuelo. Desde él y desde las traseras de las casas que bordean la ribera, tiran pacientemente la caña unos cuantos pescadores. Pasado el cauce, el cementerio está al alcance de la mano, recostado en la colina. Es un cementerio árido, pétreo, casi calcinado por el sol. Ni una sola flor natural. Y toda una selva de pimpantes y chillonas flores de plástico.

Efectivamente. Junto a la tapia hay una discreta porción de terreno que pertenece a la Sociedad del Sagrado Corazón. Lo dice allí. Y también dice en una humilde inscripción: *Vivatis in pace.*

En el cercado hay unas cuantas tumbas. La de Sor Josefa, una más. En la cabecera, una cruz de piedra y una plaquita que a duras penas se lee de pequeña que es. En ella dice:

HIC QUIESCIT IN XTO. JOSEFA MENENDEZ, ADJUTRIX SOCIETATIS SACRI CORDIS JESU.

29-DIC.-1923

Ni más ni menos. Si este metro y medio de tierra no viniesen buscándolo desde lejos muchas gentes, nadie repararía en él. Pero bajo esta tierra se guarda un tesoro. Casi se siente temblor al pisar esta pobreza que lo esconde.

Junto a la tumba de Josefa, en el ángulo del cercado, una estatuilla de María y una esperanzadora advocación: *Janua Coeli*.

A pesar de la pequeñez, aquel rincón del cementerio se deja con pena. De allí brota un apremiante llamamiento al Amor que el mundo haría bien en escuchar, pero que no entenderá mientras no valore la pobreza, la caridad y la paz intensa que se respira ante esta humilde tumba.

Desde el cementerio se ve todo Poitiers encaramado como un triunfo sobre la colina de enfrente. La ciudad se acurruca alrededor de sus viejas iglesias. Campean las torres de San Porchaire, de San Juan, de Notre Dame la Grande, de la Catedral. Por cualquiera de las sinuosidades de su difícil geografía se llega a una iglesia románica. Porque, por encima de todo, Poitiers es una ciudad románica. Otras culturas han dejado también su marca en la ciudad. Quedan ruinas romanas y piedras de los primeros siglos paleocristianos. En sus calles cabe admirar edificios del gótico civil, y señoriales palacios renacentistas. Pero Poitiers es la capital del románico francés.

Sin embargo, para los que andan tras las huellas de los santos, es también un lugar privilegiado. Un verdadero festín. Relicario de santidad vieja que se pierde en las páginas más remotas de la historia de Francia. Aquí vivieron San Hilario y Santa Radegunda y la ciudad levantó en su memoria dos maravillosas iglesias.

La fama de santidad de Gregorio de Tours recorrió estos parajes. Y la de San Martín, que pronto desbordó la soledad de Marmoutier y lo convirtió en el maestro espiritual de la región.

Quien contemple la ciudad desde la orilla del río verá las torres de sus viejas iglesias y, en el declive hacia el valle, la antigua abadía de Feuillants. Sus muros guardan recuerdos bien recientes. Allí sembró

Magdalena Sofía una simiente humilde y preciosa. Y su siembra fue pronto fecunda en la prodigiosa experiencia mística de aquella modistilla de Madrid.

Sofía Barat y Josefa Menéndez son dos capítulos vivos y frescos aún de santidad. Son maestra y discípula de una misma escuela. El tallo y la espiga de una misma raíz: el Sagrado Corazón.

HOTEL BIRON

La historia de Magdalena Sofía nos lleva de nuevo a París. Desde que salió de la pensión de Mlle. Duval, en la calle Touraine, han pasado muchos años. Veinte, al menos. Sofía ha escrito ya los capítulos más decisivos de su vida. Y a París vuelve ahora como para hacer el recuento de sus propias andanzas. Atrás quedan los días ilusionados de la fundación de Amiens, que luego se trocaron en horas de amargura. Atrás, los gozos espirituales de la montaña de Ste. Marie-d'en-Haut y las apacibles soledades de Poitiers. Y atrás, también, aquel Capítulo General de París que refrendó la paz y la unidad del Instituto.

Sofía es ya madre de una larga familia. Doce casas abiertas en Francia y en América y voces que llegan de muchos rincones de Europa pidiendo la fundación del Sagrado Corazón.

París será durante unos años el centro obligado de la actividad del Instituto. Aquí recalará la Madre Barat de sus incesantes viajes fundacionales y aquí incorporará a su perfil espiritual y humano uno de los rasgos más preciosos. Sofía es ya la fundadora en Amiens y en sus idas y venidas incansables. Es la artífice de los sueños misioneros de Filipina Duchesne al dirigir la proa de la Sociedad hacia América. Es también la consumada maestra espiritual del noviciado de Feuillants.

Aquí, en el Hotel Biron, tan traído y llevado, se revela la gran pedagoga que lleva dentro. La Madre Barat dejó entre sus salas y sus paseos un retazo bien considerable de su vida. Y aquí quedaría, más tarde, el perfume de su muerte...

Parece mentira que su recuerdo se haya volatilizado de tal manera. Cuando se llega de Poitiers, donde todo conserva aún el leve toque de su presencia, se sufre con este olvido de su memoria. Queda sólo un tenue recuerdo. Como el último jirón de la niebla enredado en la cresta de una montaña.

El famoso Hotel Biron es hoy Museo Rodin. Para llegar hasta él hay que atravesar la solemne explanada *des Invalides*. Luis XIV ideó todo aquel soberbio recinto como escenario permanente de las glorias militares de Francia.

A cuatro pasos de la gran cúpula bajo la que duerme sus triunfos y sus derrotas Napoleón, está el Hotel Biron. El conserje sabe algo de que allí vivió una santa. Pero algo muy poco concreto.

—Si le interesa, puedo proporcionarle una guía donde lo dice... Y el buen hombre vuelve al instante con una gruesa guía entre las manos. Efectivamente, allí consta. Pero la noticia no puede ser más escueta. Apenas el nombre de la Madre Barat y las fechas de la adquisición del edificio y de la muerte de la santa.

Se diría que alguien se propuso borrar su recuerdo. Como si no se encontrase a gusto entre la suntuosidad de este palacio y se hubiese refugiado, todo entero, en la pequeñez de Joigny o en las austeras soledades de Grenoble y Poitiers.

Y, no obstante, la Madre Barat escribió en este lugar algunas de las páginas más importantes de su obra. Pensar en el Hotel Biron es pensar en la formidable tarea pedagógica del Sagrado Corazón. La condesa de Adhemar escribió: «El nombre de la Madre Barat ocupa un lugar importante en la historia de la educación femenina». Fue precisamente en este colegio del Hotel Biron donde desplegó sus dotes de educadora.

La obra de Magdalena Sofía se afirma. El Consejo de París del año 15 fue tanto como echarle cimientos eternos con la aprobación de las Constituciones definitivas. Con ellas, la Sociedad, como congregación religiosa, empieza a bogar a velas desplegadas. Falta, quizá, hacer otro tanto con la obra educacional del Sagrado Corazón. Hay que darle cauce y caudal para siempre. Este es el objetivo del nuevo Capítulo General que se celebra en París en el año 20. En él se decide la compra del Hotel Biron para sede del noviciado general y, sobre todo, para el colegio de París. Las circunstancias lo exigen a gritos.

Desde el Capítulo del año 15, se había instalado en la ciudad un noviciado general en la calle de Postes. Pronto resultó insuficiente. La idea era concentrar allí a las novicias que venían de las distintas casas para formarlas en la espiritualidad del Sagrado Corazón. Se designó a las Madres Duchesne y Bigeu para esta tarea. Filipina no hizo más que entretener sus poco menos que incontenibles ardores misioneros. La Madre Bigeu, en cambio, dio en el noviciado de la calle Postes la prueba de una singular capacidad pedagógica.

Pero el lugar resultaba cada día más chico. Aquel discreto convento estaba atestado de novicias hasta en las buhardillas. A la vez, el espacio para el colegio estaba reducido al mínimo. A la vuelta de la esquina se adquirió una casa donde se trasladó el noviciado y se pudo ampliar el sitio del colegio en la calle Postes.

Pronto el problema volvió a ser acuciante. Urgía cada vez más intensificar la labor de educación. Era tarea ineludible en aquella Francia todavía atormentada.

Es verdad que ya habían pasado los horrores de la Revolución y del Terror. El imperio de Napoleón y la restauración de la monarquía después habían devuelto al país su seguridad. Pero, a pesar de todo, la paz era precaria. Napoleón había desatado contra él todas las iras de Francia. El trono de Luis XVIII estaba asentado sobre arena. Escocían aún las viejas heridas políticas y sociales. La religión convalecía poco a poco de sus graves y pasados males. Era urgente rehacer.

La restauración religiosa fue la tarea de los católicos franceses. Los escritos de Chateaubriand habían inyectado un optimismo triunfal en el ánimo de muchos. Pero quizá era un tanto ingenuo ese aire de victoria. Había que cimentar más sólidamente la restauración. Y uno de los sectores más necesitados de brazos era el de la juventud. Habían ocurrido demasiadas cosas en muy pocos años, y todas adversas a la instrucción religiosa y a la educación cristiana. La llaga era muy profunda.

Primero, los ataques contra los jesuitas, los aires de la Enciclopedia ventilándolo todo; luego, el monopolio estatal sobre la enseñanza, establecido por Napoleón, apartaron la educación de manos de la Iglesia.

La inestabilidad política era sorprendente en Francia. Tras la restauración de la corona vino la sorpresa de «los cien días de Napoleón». En seguida, la vuelta de Luis XVIII. El asesinato del Duque de Berry, en 1820, señaló el ocaso de los Borbones en el trono. La crisis política la sucesión vertiginosa de los gabinetes ministeriales desembocaría poco después en la gran prueba revolucionaria del año 30.

En este clima tan incierto, sólo una cosa estaba clara en la mente de Sofía. Su obra caminaba ya con paso firme. Había que intensificar la labor educacional del Instituto. Era el mejor servicio a la Iglesia y a su tiempo. Y era también uno de los pilares de la arquitectura del Sagrado Corazón.

Las convulsiones políticas no fueron obstáculo para que la Madre Barat convocase de nuevo un Consejo General. La cita era en París el 20 de agosto de 1820. El tema principal: la educación de la juventud femenina en el Sagrado Corazón.

Los caminos hacia París eran peligrosos. Pero Sofía les decía en la convocatoria: «Dios se cuidará de aquellos que se hayan cuidado de los hijos de Dios». Era la expresión de su confianza insobornable de siempre. Sus monjas sabían que, bajo su aparente debilidad, el pulso no le temblaba a la Fundadora a la hora de meterse por los caminos de Dios.

Sofía veía con creciente claridad que la mano de Dios la empujaba hacia la educación de las jóvenes. Era uno de los fines del Instituto. Mejor dicho, era el medio más adecuado para inyectar en la Sociedad la renovación espiritual que entrañaba la devoción al Corazón de Jesús. Así lo reconocían las Constituciones.

Por si esto fuera poco, La Iglesia reclamaba a gritos manos que se ocupasen de la educación. Sofía entendió que las suyas y las de sus religiosas tenían que estar en la vanguardia. Creía firmemente en el soberano poder que tiene la mujer en sus manos. Resulta hasta gracioso toparse ahora con algunos fáciles defensores del feminismo, al leer lo que escribía en 1820: «En este siglo ya no se puede contar sólo con los hombres para salvaguardar la fe».

En su mente, la mujer estaba llamada a realizar una profunda revolución social. La Madre Barat sería una decidida «feminista». Pero su «promoción social» de la mujer hundía sus raíces en el ser mismo de la mujer. Consistía en que sus educandas ahondasen en su propia condición de jóvenes, de esposas y de madres. Juventud, matrimonio y familia eran los tres mundos donde quería enseñar a «reinar» a las mujeres de su tiempo.

En sus escritos de entonces, hay frases que respiran una admirable actualidad y un oloroso sabor de vino viejo: «La obra maestra de la mujer es la persona que forma sobre sus rodillas». Vale por un programa pedagógico completo en el que la primera lección consistiría en enseñar a la mujer a ser mujer.

La obra pedagógica del Sagrado Corazón está hoy por todos los derroteros del mundo. Su fórmula es universalmente válida. Habrá que matizarla en las distintas latitudes pero el núcleo vale para todas. Y la razón es bien simple. Por debajo del negro, o blanco o amarillo de la piel, más allá del idioma y la cultura, hay siempre algo eterno: la mujer. Y en la mujer late la esposa y la madre. Desvelar esos misterios de la esencia femenina fue el gran mérito de la educación del Sagrado Corazón. Sus frutos son tan vastos como el mundo pero hay que saber que todo arrancó de aquel Capítulo General de París en el año 1820.

Comenzaron los trabajos del Capítulo el 12 de agosto. En la presidencia, una vez más, el Padre Varin. El viejo amigo, consultor y promotor del Instituto, no podía faltar en esta ocasión. Iba a firmarse la «carta magna» de la obra educadora del Sagrado Corazón. Con él, presidía el abate Perrau, que hacía las veces de Superior eclesiástico de la Sociedad.

Si alguna cosa llama la atención en la lectura de los acuerdos del Capítulo y en las normas para la educación femenina, es un poderoso sentido realista. Se puede decir que son un fruto del más exquisito sentido común. Ahí es donde se nota más la mano de la Madre Barat. Era indispensable adaptar la vida de sus monjas a la tarea de la educación y había que huir por eso de una vida exclusivamente contemplativa, que pudiera impedir la comprensión de las alumnas.

Era preciso crear en el Instituto una mística del trabajo y de la enseñanza. La religiosa del Sagrado Corazón se santifica en su tarea educadora. El cuidado de las niñas, la entrega al trabajo que trae consigo esta dedicación, serán su verdadero cilicio y su lecho de paja. Para estar siempre a punto de rendir es necesario contar con unas horas suficientes de sueño y con el alimento preciso. Las austeridades de la Regla serán las que marca la Iglesia a lo largo del tiempo litúrgico. Cada una podrá tomar por su cuenta iniciativas de mortificación, pero será con plena responsabilidad individual. La Regla, como tal, vela para que nadie se resienta con penitencias obligatorias. Es una prudente norma que trata de adaptar la vida de las religiosas a su función primordial. Por lo demás, la mente de la Fundadora era bien conocida por todas. Más de una vez les había dicho: «Sed cristianas, sed apóstoles, sed "hombres" y renunciad a todas las debilidades femeninas».

El verdadero sacrificio lo encontrará la religiosa en la entrega a su tarea y en la renuncia a toda humana correspondencia. Es una austeridad cien veces más valiosa. Cuando por mucho tiempo se ha modelado un alma infantil, cuando se ha dejado en ella una parte de la vida, es inevitable experimentar una maternidad espiritual. Nada más natural, más humano. Y, sin embargo, la religiosa debe vigilarlo. La Madre Barat solía decirles: «el corazón de las niñas no es para vosotras».

Pero es claro que para saber moverse en la acción apostólica con un sentido plenamente espiritual, hay que dar un lugar de honor a la contemplación en la vida de las religiosas.

La Sociedad del Sagrado Corazón trata siempre de mantener el equilibrio entre esos dos polos de la vida espiritual. Si la labor de las religiosas no está alimentada por la vida interior, será estéril. Pero si la oración ocupase la jornada entera dejaría de ser el género de vida que la Madre Barat pensó para su obra. Hay que conjugar armoniosamente las dos tareas. Realizar cada día el difícil equilibrio.

Quizá en ningún otro lugar está tan certeramente expresada esta compenetración entre oración y trabajo como en estas palabras dirigidas a las educadoras:

«Nunca decidan sobre el jardín sin haber consultado antes al jardinero». Difícilmente podría lograrse una finura mayor para significar que toda tarea apostólica en la parcela del Señor tiene que estar inspirada en su voluntad y no en la propia iniciativa.

Junto con esta actitud, la educadora del Sagrado Corazón debe pertrecharse de un abundante bagaje de conocimientos. Y aquí vuelve a asomar el notable sentido común que preside los acuerdos de este Capítulo del año 20. La religiosa será lo suficientemente culta como para poder dar su propia riqueza cultural, pero nunca hará de la cultura un fin querido y cultivado por sí mismo. Su vida como educadora será un magisterio constante, no una erudición tan vistosa como inútil. A este propósito, la Madre Barat recomendaba a sus hijas: «sobre todo líbrense de la ridiculez de ser mujeres sabiondas».

Sin despreciar las ventajas de la especialización, el Sagrado Corazón tendría en su sistema educativo la primacía para la cultura abierta y general. Había en esta decisión un claro trasfondo de humanismo. No conviene olvidar que Sofía había consumido muchas horas de su juventud sobre los clásicos y estaba fuertemente influida por la mente humanista. Lógicamente, prefería que la formación estuviese marcada por esta amplitud de conocimientos, antes que limitarla a la especialización. Criterio ciertamente flexible a la necesidad que los tiempos van imponiendo. Frente a tanta parcela y tanto exclusivismo que reduce el campo de visión, optar por un abierto panorama de saber tan universal como sea posible.

La entrega sin reservas será rasgo característico de la educadora del Sagrado Corazón. De poco valdrá su elevación espiritual y su amplia cultura si no las ponen en juego, por una entrega ilusionada y plena, a la tarea educadora. El alma infantil o juvenil que se le confía tiene que ser modelada con suavidad, como cera blanda o tallada como la piedra, pero siempre con escrupulosa entrega. La educación en el Sagrado Corazón, a través de los distintos cursos, es obra de colectividad, trabajo en equipo. No es esta o aquella educadora. Son todas. Ninguna debe pretender sobresalir. La acción personal está envuelta en el anonimato.

Estos venían a ser los fundamentos que aquel Capítulo de París ponía como base al amplísimo quehacer educativo del Sagrado Corazón.

Los años han pasado desde entonces, y no en balde. Muchos retoques han sido necesarios y se han realizado. Pero por debajo de las circunstancias, queda siempre lo permanente. Y en toda esa contextura pedagógica que tejieron manos tan experimentadas, había mucho de definitivo. La verdadera pedagogía es eterna en sus fórmulas como lo es el alma humana que la pedagogía trata de potenciar.

La auténtica pedagogía del Sagrado Corazón está en esa «gran familia espiritual» que ha creado y que viene aumentando desde casi dos siglos. Su éxito, en ese espíritu de familia que se respira en los colegios y que liga a todas las antiguas alumnas con lazos invisibles y fuertes. Y la garantía de su eficacia está en esa «mística del deber», —el deber ante todo, el deber siempre— que es algo así como la brújula que se le entrega a cada alumna y que le señalará el norte de su actuación cristiana en cualquier encrucijada de la vida.

Magdalena Sofía y sus compañeras pretendían rendir un servicio a la sociedad y a la Iglesia en el frente, tan comprometido entonces, de la educación femenina. ¿Quién podrá discutir la eficacia y el valor de su servicio?

A los dos meses de trabajo, el Capítulo General finalizó sus tareas. Antes de disolverse, concretamente en el mes de septiembre, se compró el famoso Hotel Biron. Seguía en pie, y agudizado por momentos, el problema de la estrechez del noviciado en la calle Postes. Por otra parte, los nuevos rumbos que se abrían a la labor de la educación imponían el contar con un lugar adecuado, donde poder aplicar tan ambicioso programa, en París. Imposible seguir pensando en desvanes convertidos en aulas y en pasillos sirviendo como dormitorios.

A oídos del Capítulo llegó que estaba en venta el Hotel Biron, en las cercanías de *les Invalides* Era un palacete, muy conocido en París y que había pasado por muy distintos dueños.

Fue construido por Mr. Moras, consejero de Luis XV. Sus sucesivos dueños lo convirtieron en un lugar «poco santo». Intrigas políticas y libertades cortesanas estuvieron a la orden del día entre sus paredes.

A la sazón era propiedad de la duquesa viuda de Charot, que lo vendía a «precio moderado». Con moderación y todo, la suma era punto menos que astronómica para el Sagrado Corazón que acababa de ajustar cuentas en el Capítulo. La Sociedad había recibido ya, por aquellas alturas, a trescientas treinta y ocho jóvenes gratuitamente. No se veía más solución que solicitar una ayuda importante.

Las buenas relaciones del Instituto con la corte de Luis XVIII, que lo había reconocido legalmente, animaron a la Madre Barat a pedir auxilio económico al rey, dado que se trataba de una obra destinada a la educación de la juventud. Para tan delicada gestión se contaba con los buenos oficios de la antigua condesa de Marbeuf, muy ligada durante toda su vida a la casa real y que era ahora religiosa del Sagrado Corazón. Sus gestiones en el palacio de las Tullerías dieron un gran resultado. El rey se comprometió a dar la suma de cien mil francos. El 5 de septiembre se firmó el acta de adquisición.

La Madre Barat no dio aquel paso sin ciertos escrúpulos. Pero la urgencia de salir de la situación existente, la ayuda del monarca y el destino del Hotel Biron a colegio, más que a convento, le animaron a adquirirlo.

Antes de instalarse allí, se cuidó de descargar aquellos aposentos de adornos y decoraciones que sabían demasiado a mundanidad. La opinión pública, ávida siempre de novedades y de malicia, no vio con buenos ojos que se estableciese una Comunidad en aquellos salones de fama tan dudosa. La Madre Barat lo supo y lo lamentó. «Me parece que estamos demasiado en el candelero por culpa de este Hotel Biron», escribía. Era verdad. Y el comentario malicioso duró largamente y causó no pocas amarguras a la Fundadora.

Mucho tiempo después, volvería sobre el mismo tema. En una de sus conferencias, que se conserva en la Trinità, decía con pena: «Se nos ha reprochado tener demasiado orgullo. Y es falso, pues se ha confundido la apariencia externa con la realidad, y no se tiene en cuenta que cuando no hemos encontrado más que agujeros hemos sido más felices que en el Hotel Biron».

Pocos argumentos hacen falta para demostrar lo fundado de esta queja. Basta con recordar, por ejemplo, la pobreza extrema de la primera casa de Amiens donde las religiosas habitaban el granero, la austeridad monacal de Ste. Marie-d'en-Haut, los Feuillants de Poitiers, o la absoluta carencia de todo lo indispensable que rodeó a Filipina Duchesne y a sus compañeras, en la fundación de América.

Y bastaría incluso mirar con ojos limpios el mismo Hotel Biron donde, según el Padre Varin, «las religiosas estaban pero no vivían». En efecto, mientras que las alumnas del colegio se hallaban instaladas en el palacio, las monjas vivían fuera de él. El Noviciado estaba instalado en las antiguas cuadras y caballerizas.

No obstante estas medidas de austeridad, el comentario malicioso siguió en boga durante mucho tiempo y originó en torno al Sagrado Corazón un pretendido «mito de grandeza», tan inconsistente como molesto. El verdadero espíritu de la obra no está en los mármoles ni en las vistosas escaleras del Hotel Biron. Hay que sorprenderlo en la pequeñez de Joigny y en aquella frase de la Madre Barat que es como el compendio de su amor a la pobreza: «no tener nada propio, no sentirse ligado a cosa alguna, ser feliz cuando se carece de lo más necesario».

Unidos a la crítica de la pretendida riqueza derivada de la compra del Hotel Biron, surgen también comentarios maliciosos y abundantes en torno a la «clase» de las alumnas del colegio.

Es verdad que allí se dieron cita las hijas de los más sonados apellidos de Francia, empezando por la nobleza e incluso por la casa real. Pero ¿cómo evitarlo? La puesta en marcha del centro se debía a la espléndida ayuda del rey, que naturalmente lo miraba como cosa propia. Su apoyo no quedó en la suma inicial que hizo posible la compra, sino que el monarca distinguió al colegio con sucesivos favores, y uno de ellos fue la construcción de la capilla que se encuentra a la entrada del recinto.

Por otra parte, las circunstancias políticas hacían que el influjo social estuviese en manos de la clase alta. Cierto que la Revolución había estallado contra aquel estado de cosas y había saltado a la calle pidiendo la igualdad de derechos y privilegios. Pero después de las convulsiones de la primera hora, las cosas habían vuelto un poco a su estado primitivo. Tenían que pasar varios lustros para que la nobleza fuese perdiendo su monopolio social.

El influjo en la sociedad a través de la educación cristiana era el objetivo fundamental de la obra externa del Sagrado Corazón. Esto no quería decir, como se dijo, que para entrar en sus filas fuese necesario un apellido brillante. La Madre Barat se contentaba con poco a la hora de admitir a las aspirantes en el Instituto. «Una buena educación, un buen espíritu y algunos talentos. Eso es todo lo que nosotras exigimos». Quien haya recorrido la historia de las fundaciones, sabrá cómo sus primeras compañeras procedían en su mayor parte de la pequeña burguesía y del artesanado, cuando no de la sencillez campesina, como ella misma.

La humildad de su origen y su innata pequeñez hacían enojosa a Sofía su estancia en el Hotel Biron. No era el lugar donde se encontraba a gusto. Demasiadas visitas de copete, demasiadas condescendencias que no entraban en su programa. En una de sus cartas se queja amargamente a su entrañable Filipina Duchesne: «¡Ah, querida Filipina, con cuánto mayor gusto evangelizaría a los salvajes!».

Y, sin embargo, en aquel colegio tan singular reveló Sofía sus grandes dotes de educadora. Así como en Poitiers se convirtió en maestra espiritual rodeada de novicias, así aquí estaba de continuo asaltada por las niñas. Todas las estancias del hotel y las largas avenidas del parque podrían contarnos sus consejos, sus desvelos, su entrega incondicional a las alumnas.

Las imágenes de la Santa que se hicieron para su beatificación y canonización, han escogido precisamente este perfil maternal. Rodeada de sus pequeñas, parece más verdad ese su amor a la infancia que le hacía escribir ya anciana: «Tengo hambre de niñas. Reúna las que quepan en dos o tres coches y que alguna religiosa venga con ellas».

La infancia fue el gran amor de Magdalena Sofía. Si no bastase para demostrarlo su intensa entrega a la educación y la gran obra que puso en marcha, ahí está esa afirmación suya: «sólo dos cosas me encantan: Nuestro Señor y los niños».

Mil veces que naciera, mil veces sería educadora. Lo es aún. Los santos viven más allá de su muerte. El espíritu de la Madre Barat alienta todavía en millares de hijas suyas. Por su medio se multiplica y se alarga su función educadora en la infancia. Y no sólo en la infancia privilegiada al estilo de la del Hotel Biron. Si hay un mito de grandeza en torno al Sagrado Corazón, es el de la magnitud de su obra.

En tiempos de la Madre Barat, la influencia social era competencia exclusiva de las clases altas. Hoy la promoción de los sectores tradicionalmente deprimidos ha nivelado la convivencia. El influjo ha dejado de estar en razón directa del apellido. Otros valores más sólidos, más cristianos, han entrado en juego y se han puesto a la cabeza. Pero el problema de la educación sigue urgiendo y el Sagrado Corazón está presente en todos los frentes de esa difícil batalla. En los barrios elegantes, y en los suburbios entre los blancos y los negros, en las ciudades populosas y en los campos de misión. Donde sea posible una acción educadora, sin contar con el color, con el apellido o con la lengua, allí estará la obra del Sagrado Corazón, que nunca podrá echar en olvido lo que su Fundadora escribió precisamente aquí, en el Hotel Biron: «Por el alma de una sola niña, hubiese fundado la Sociedad».

Hoy, el Hotel Biron, que tantas preocupaciones causó a la Santa, ha olvidado su memoria por completo. Sólo queda un tenue recuerdo de la noticia en la guía turística que señala a la Madre Barat como uno de tantos propietarios que tuvo el edificio. Cada cual dejó allí su huella, sus escudos y ornamentos. La huella del Sagrado Corazón consistió en despojar aquella mansión de frivolidades y lujos excesivos.

Actualmente, edificio y jardín son la sede del Museo Rodin. Difícilmente un artista encontrará un lugar más apacible y más entonado para conservar su obra. En el parque amplísimo, atravesado por largas

Joigny, en la ribera del Yonne. Borgoña Francesa

Estatua de Sta. Magdalena Sofía en el Vaticano

avenidas de castaños y tilos, los grupos de mármol y bronce. A la izquierda, entrando por la calle de Varennes, la monumental «Puerta del infierno», gemela en belleza a aquella otra de Ghiberti en el baptisterio de Florencia. A la derecha, en medio de un elegante contorno de flores y setos, *el Pensador,* que recorta sus cavilaciones contra la cúpula de los Inválidos.

En las salas y escaleras se han reunido el resto de sus obras. Aquí está ese alarde de estilización que se llama *La catedral de las manos*. En otro ángulo, los atrevidos grupos de *El beso* y *El ídolo eterno.* La obra entera de este hombre es una alucinante amalgama de erotismo, de genio, de pasión, de paganidad. El culto mitológico impera por doquier con sus anatomías retorcidas, románticas, dolientes.

Entre las obras que pertenecieron al escultor, hay un cuadro de Zuloaga que impone, en medio de esa selva de instintos, toda la soberana seriedad de Castilla en esa capa parda, en el sombrero ancho y en la vara del *Alcalde de Torquemada*.

El dilatado jardín que rodea el palacete es hoy parque público donde los niños juegan incansables y los enamorados aprovechan los encantos del sol y de la sombra.

Con hondo sentimiento recorro las avenidas umbrosas evocando aquellas otras presencias lejanas de monjas y niñas que poblaron estos paseos de rezos y gritos.

Al fondo del parque, mordiéndole una buena extensión y separado de él por un alto muro, funciona el Liceo Victor Duruy. En ese extremo de la propiedad, que se asoma ya a la calle Babylone, vivió la Madre Barat sus últimos años. Tras la dura crisis que pasó el Instituto con motivo de la reforma de las Constituciones y la polémica sobre la residencia de la Superiora General, se instaló aquí la «Casa Madre». Y aquí murió la Fundadora el 25 de mayo de 1865.

Por lo demás, el Hotel Biron sigue siendo aquel lugar frívolo y mundano que era antes de que Magdalena Sofía Barat lo habitase. Pero entre sus muros y en sus paseos dejó lo más exquisito de su pedagogía.

TRINITÀ DEI MONTI

Todos los caminos llevan a Roma. Sobre todo, los caminos del espíritu. La larga peregrinación de Magdalena Sofía tenía que desembocar, tarde o temprano, también allí. Roma será el espaldarazo católico a su obra.

Después de los dos últimos Capítulos Generales de París, la Fundadora mira hacia Roma con insistencia. En esas dos asambleas se han perfilado definitivamente el carácter y los rasgos del Instituto. Las Constituciones aprobadas en el primero son la osamenta del cuerpo de la Sociedad. Le dan cohesión interna y firmeza. La orientación educativa del Capítulo del año 20 fija las metas apostólicas del Instituto y abre ante sus ojos un sugestivo campo de acción. Sólo falta dar el salto a Roma. Roma es la patria de todo lo ecuménico, donde las empresas adquieren rango y envergadura de catolicidad. El Sagrado Corazón, tras una juventud espléndida en vigor, se acerca ya a la madurez. Puede decirse que ha cumplido airosamente su noviciado. La aprobación de Roma será como el reconocimiento de su mayoría de edad y, a la vez, la garantía de su eficiencia apostólica.

En aquella Francia, intoxicada aún por el veneno del galicanismo, se miraba a Roma con un tanto de recelo. Roma era el baluarte contra el que se habían estrellado todos sus intentos de independencia religiosa. Las múltiples maniobras políticas que desde antiguo se venían haciendo para implantar una religión nacional habían fracasado siempre. Sólo lograron fascinar a un puñado de espíritus agitados por la ambición. El pueblo, la gran masa cristiana, no quería saber nada ni de libertades ni de credos galicanos. El pueblo intuía que en Roma estaba el centro y el fundamento de la verdad. Las amarguras que Napoleón causó últimamente al anciano y venerable Pontífice no consiguieron sino afirmar el sentido romano de las gentes. El viaje del Papa prisionero a través de Francia había sido un puro triunfo. El pueblo había salido de todas partes a su paso y se había apiñado en torno a él con ese instinto de las ovejas que se agolpan en tropel junto al pastor.

La restauración religiosa, que adquiría por momentos pujanza y eficacia en el país, llevaba también el signo católico de Roma. Monseñor Baunard ha observado sagazmente que «todos los santos de esta época tienen dos rasgos comunes: Amor por el centro de la caridad: el Corazón de Jesús. Amor por el centro de la verdad: Roma». En efecto, si se repasan los movimientos apostólicos, las empresas espirituales, las nuevas congregaciones religiosas que surgieron por aquellos días, aparece bien clara su impronta cristológica y su estrecha vinculación con Roma.

La Madre Barat deseaba también para su obra la investidura católica y universal que sólo podía darle Roma. Y la deseaba ardientemente. Su romanidad estaba fuera de duda cuando escribía: «Mi brújula será Pedro, el Vicario de Cristo. No me equivocaré mientras esté en este camino; antes morir que salir de él».

También hasta Roma habían llegado noticias del Sagrado Corazón. En la Fundadora permanecía fresco el recuerdo de la primera vez que vio al Papa. El venerable Pío VII había asistido en París a la coronación de Napoleón. En su viaje de regreso, hizo una escala en Lyon. La Madre Barat se encontraba entonces en Grenoble ocupada en la fundación de Ste. Marie-d'en-Haut. El Padre Varin le insinuó la oportunidad de acercarse al paso del Papa. Sofía se daba ya por satisfecha con haber aclamado al Vicario de Cristo confundida entre la multitud. Pero algunos buenos amigos le reservaban una sorpresa. Podría asistir a la Santa Misa celebrada por el Pontífice y comulgar de sus propias manos. No paraba todo ahí, sino que, además, el Papa le concedía una breve audiencia. En ella oyó hablar por primera vez de la Sociedad del Sagrado Corazón y de los planes que la Fundadora traía entre manos.

Las palabras animosas de Pío VII y su bendición para la Sociedad naciente cayeron en el alma de Sofía con la suavidad y frescura del rocío.

Años más tarde, el mismo Pontífice, camino de su cautividad, había bendecido en Grenoble repetidas veces a las religiosas y alumnas de «la montaña» desde la ventana de su aposento.

Una nueva bendición de Pío VII llegaría hasta América para consuelo de Filipina Duchesne, que iniciaba allí su empresa misionera. Tan delicada solicitud del Papa no podía menos de interpretarse como una clara señal de benevolencia, máxime cuando el nombre del Sagrado Corazón se había visto envuelto en Roma en las oscuras intrigas de St. Estève. Pronto quedaron descubiertas las tan poco limpias maniobras y la Sociedad se vio libre de un estigma que hubiese afeado su nombre.

La rehabilitación de la Compañía de Jesús facilitó al Sagrado Corazón los buenos oficios de algunos jesuitas que se convirtieron en consejeros y valedores del Instituto ante la Santa Sede.

Todo, pues, parecía indicar que había llegado el momento de ir a Roma. Pero Sofía conocía ya el «estilo» de la Providencia. Había que esperar su impulso. Mientras, la Fundadora volvería al ajetreo de los viajes. Cualquier día, sus idas y venidas por todos los vericuetos de las montañas y de los valles la llevarían a las puertas de Roma. Entre tanto llegaba el momento, la Madre Barat no iba a dejar las sandalias de peregrina. El Instituto no sólo se afirmaba en los Capítulos Generales, sino que pasaba por un trance de continuo crecimiento.

Después de la fundación del Noviciado General en París, Quimper fue la primera casa abierta en 1817. Al año siguiente, la obra dio el salto gigantesco hasta las orillas del Missouri de la mano de la Madre Duchesne. En ese mismo año se abrieron nuevos hogares en Chambéry y Lyon. En 1819, Burdeos contaba con un colegio del Sagrado Corazón y se convertía en cantera de vocaciones para el noviciado. Al otro lado del mar, Filipina ponía también su bandera en una avanzadilla de Louisiana. El año 21 se pusieron en marcha las casas de Mans y de Autún. El 23, las de Besançon y Turín. Con esta última, el Sagrado Corazón franqueó la barrera de los Alpes y puso el pie en Italia. ¿No sería el principio de la peregrinación a Roma? Todavía antes de llegar a las orillas del Tíber había que establecerse en Metz y en Lille.

Las peripecias y dificultades que se iban sucediendo en semejante laberinto de andanzas fundacionales son incontables. Sólo el paso de los Alpes era una aventura que no todos se atrevían a acometer. La Madre Barat llegaría a familiarizarse con aquellos pasos estrechos, cortados a plomo sobre el abismo, y con las nieves perpetuas de las cumbres. Parece increíble que pudiera soportar tan malos tratos. De hecho, los fríos y las vigilias, la mala alimentación y los mil inconvenientes de los viajes de entonces, fueron mordiendo su precaria salud. La dolencia pulmonar que le obligó a reposar durante una temporada, por los días de la fundación de Amiens, no le desapareció del todo en su vida.

Para iniciar la fundación de Poitiers, Sofía se puso en camino sin haber superado una dura crisis. En Gante, la enfermedad volvió a paralizar sus planes. En

Grenoble se agravó tanto que los médicos vieron muy cerca el desenlace. Los médicos y ella. La alarma cundió por todas las casas del Sagrado Corazón. El Instituto entero, religiosas y niñas, se puso en pie de plegaria. En Amiens, una sobrina de la Madre Barat, Dositea Dusaussoy, de catorce años, ofreció su vida a cambio de la Fundadora. La niña murió el 14 de mayo. El mismo día, el médico que atendía a la Madre Barat firmaba su alta. Dios había escuchado a la pequeña. Pero siempre su salud fue muy delicada y sólo su confianza en Dios y su energía la mantenían en pie. Poco a poco se iría consumiendo como una llama, lentamente, dando siempre luz y calor.

Al mismo tiempo que las fundaciones, se gestionaba en Roma la aprobación pontificia. Las llevaba adelante el abate Perrau, que era el Superior eclesiástico nombrado por el Arzobispo de París. Su actividad en favor del Sagrado Corazón encontró pronto el apoyo de altos personajes del Vaticano. Entre los amigos de la obra destacaban los cardenales Pacca y Consalvi. Este último, famoso como secretario de Estado y negociador del Concordato francés junto con Napoleón. De incalculable valor sería también el apoyo del jesuita Padre Rozaven.

Yendo las gestiones como iban, por muy buen camino, se hacía necesaria en Roma la presencia de una persona de la Sociedad. Tendría un difícil cometido en las continuas visitas y papeleos de rigor. Para esta misión se designó a la Madre Bigeu, que disfrutaba de la plena confianza de la Fundadora desde que se conocieron en Poitiers. Llegó a Roma en diciembre de 1825. La Sociedad del Sagrado Corazón ponía ya el pie en Roma, aunque aún no contaba con casa propia.

Tan adelante iban las gestiones, que en el mes de septiembre del mismo año el papa León XII firmó el llamado *decretum laudis* en favor del Instituto. Tal documento era algo más que una señal de benevolencia, pero no la aprobación definitiva de la Santa Sede, sino uno de los trámites normales para alcanzarla. Con ella el Instituto pasaría a ser de derecho pontificio y estaría a cubierto, en lo jurídico, de cualquier eventualidad.

Pero había una dificultad. Algunos de los cardenales comisionados para examinar las Constituciones no acababan de dar su asentimiento por la falta de la tradicional clausura en el Sagrado Corazón. La clausura era entonces un elemento sustancial en la vida religiosa y ninguna congregación prescindía de ella. La labor educativa de la Sociedad tropezaba en la clausura estricta con una seria dificultad.

En este punto tuvo la Madre Bigeu que concentrar todos sus esfuerzos. Multiplicó las visitas y los informes a los miembros de la comisión. Esa «novedad» hacía el camino difícil, aunque algunos cardenales la comprendían. Monseñor Marchetti, Secretario de la Congregación para los Religiosos, le dijo: «Se ve claramente que este es el designio de Dios para los tiempos modernos. Haríamos muy mal en intentar corregirlo».

Por otra parte, se sabía que el Papa miraba con gran simpatía la obra del Sagrado Corazón. En esta situación el Documento aprobatorio no se haría esperar.

Mientras la Madre Bigeu sigue en Roma, se convoca un nuevo Capítulo General, el cuarto en la vida del Instituto, y de nuevo en París. Las sesiones se abren en septiembre de 1826, con la esperanza de recibir la aprobación pontificia antes de terminarlas. En realidad, el objetivo único del Capítulo es el de preparar la promulgación definitiva de los Estatutos tras su aprobación por el Papa.

Después de tratar sobre la afirmación en el Instituto del espíritu de pobreza y caridad, se establece, con carácter obligatorio para todos sus miembros, el voto de estabilidad que, en cierto modo, viene a suplir la clausura estricta y a la vez deja margen a la libertad necesaria para la labor educativa.

Las buenas impresiones que llegaban de Roma culminaron en la gran noticia: al fin, el Papa había firmado el Breve Pontificio de la aprobación definitiva. Significaba nada menos que el espaldarazo de Roma, la mayoría de edad. Fue un día de gozo para el Sagrado Corazón.

El Breve llegó al Capítulo en febrero de 1827. El carácter pontificio que tenía ahora el Instituto exigía sustituir al Superior eclesiástico por un Cardenal protector. El Cardenal Pedicini aceptó el nombramiento complacido y fue, durante muchos años, amigo y valedor de la Sociedad ante la Santa Sede.

Faltaba rematar la solidez jurídica del Instituto con la correspondiente aprobación definitiva del Estado. El Capítulo hizo esta petición a la corte de Carlos X. El rey dio su *placet* y se lo comunicó al Capítulo en abril de 1827. La Sociedad del Sagrado Corazón caminaba ya sobre seguro. Había llegado a su edad adulta.

Mientras los asuntos internos del Instituto ruedan por buen camino, Francia vuelve a enfrentarse con el fantasma de la Revolución. El horizonte se ensombrece por momentos entre los años 26 y 27. Se tambalea la seguridad de la corona ante los ataques del liberalismo. Los golpes al Trono llegan también al Altar. Está aún reciente la experiencia revolucionaria. Monarquía e Iglesia se habían repartido las amarguras, y ahora los síntomas son los mismos. El sectarismo hostiga a los religiosos, y la enseñanza controlada por la Iglesia sufre los primeros zarpazos. Se limitan sus recursos y se reduce el alumnado de seminarios y casas de formación. En 1828, los jesuitas se ven obligados, una vez más, a abandonar el país.

El Sagrado Corazón mira hacia Roma. Es el hogar nato y la patria de toda obra católica, pero es también un refugio seguro de supervivencia. Los amigos de la Sociedad lo entienden así y pronto el Papa se interesa personalmente en el asunto.

En el corazón de la Ciudad Eterna, en la Plaza de España, hay un edificio querido por todos los romanos. La Trinità dei Monti, anclado en la colina del Pincio. Para llegar hasta arriba hay una espectacular escalinata barroca llena de gentes y también de flores en primavera. Todo el conjunto, rematado por las torrecillas de la Trinità, parece una decoración pensada para la apoteosis final de un auto sacramental.

El origen del convento se remonta al siglo XV. El rey de Francia, Carlos VIII, compró los terrenos y edificó la iglesia y monasterio para agradecer a San Francisco de Paula, fundador de los Mínimos, los favores que hizo a su predecesor Luis XI. La primera piedra se puso en 1494, en el pontificado de Alejandro VI. Los frailes mínimos se establecen en el monasterio, pero la posesión queda en manos de la Corona francesa.

Con el andar de los tiempos, la Orden va perdiendo vigor y en el año 1828 sólo queda un fraile, el Padre Mainard. Ante esta situación, el papa León XII pide al rey Carlos X de Francia que transfiera el convento y la iglesia a la Sociedad del Sagrado Corazón. Por fin, Roma le abre sus puertas. La alegría de la Madre Barat y del Instituto no es para dicha. El 20 de mayo, la Madre Causans, designada Superiora de la Trinità, toma posesión legal de la casa y organiza el colegio. El Papa ha pedido expresamente que se eduque en él a las jóvenes de la nobleza del Estado Pontificio.

En Francia, y sobre todo en París, se toca con las manos la revuelta que acabará con el poder de los

Borbones. Ante el sesgo peligroso de los acontecimientos, Carlos X se refugia en Inglaterra. Estamos en 1830. En julio se proclama a Luis Felipe de Orleans, hijo del regicida Felipe Igualdad, «rey de los franceses por la gracia de Dios y por la voluntad del pueblo».

Era la señal que aguardaban los liberales de todos los países para lanzarse a la calle. Las consecuencias de la Revolución serán largas y dolorosas en toda Europa. En concreto, para la Madre Barat y su Instituto, será la primera estación de un largo y doloroso vía crucis. La Revolución se va a ensañar con el Instituto y le obligará a cerrar muchas de sus casas en los años venideros.

De momento, la Madre Barat, entonces en París, pudo salvarse de las arbitrariedades de la turba refugiándose en Conflans, en una posesión del arzobispado parisino. Conflans será, con los años, su residencia y el lugar de su primer enterramiento.

Pasados los primeros apuros, la Fundadora reanudó intrépidamente sus andanzas. El hábito religioso no era entonces el mejor pasaporte y la Madre Barat tuvo que recorrer muchas leguas vestida de burguesa o de campesina. Se hicieron las fundaciones de Perpignan y Avignon en el mediodía de Francia. Una caída que le lastimó seriamente un pie, hasta el extremo que se pensó en la necesidad de amputárselo, sería el recuerdo que le quedó de estas fundaciones.

Los sucesos de París habían creado un serio problema al noviciado y fue necesario dispersar a las novicias en varios grupos. De Suiza llegaban ofrecimientos, y allí se llevó el noviciado, no sin dificultades, ya que la pólvora revolucionaria llegaba a todos los rincones. Primero estuvo en Middes y después en Montet en el año 1831. El recuerdo de la estancia de la Madre Barat en aquellos parajes quedaría por mucho tiempo grabado en el ánimo de los buenos campesinos de los cantones suizos. Allí no era conocida por otro nombre que por el de «la monja santa».

El año 1829 había traído un relevo en la Cátedra de San Pedro. Al buen papa León XII, que tantas pruebas de benevolencia había dado al Sagrado Corazón, lo sustituyó el Cardenal Castiglione, que tomó el nombre de Pío VIII. Su pontificado sería brevísimo. Poco más de año y medio. En cambio, el Cónclave que designaría a su sucesor iba a ser muy largo. La situación tan complicada de Europa se dejaba sentir en el ánimo de los electores. Por fin, los votos señalaron al Cardenal Capellari, que eligió el nombre de Gregorio XVI. Era monje camaldulense y como cardenal había llevado la responsabilidad de las Misiones Católicas en la Congregación de Propaganda Fide.

Muy pronto, también el nuevo Papa dio muestras de benevolencia hacia el Sagrado Corazón. En una de las primeras visitas que le hicieron las religiosas de la Trinità a principios del año 31, les dijo: «Me interesa mucho que prospere un Instituto tan útil, tan edificante y tan bien gobernado». Estas palabras llegaron pronto a Suiza, donde la Madre Barat atendía a la puesta en marcha del noviciado de Montet. ¿Qué cabía pensar? ¿Eran una invitación o simplemente un cumplido? No parecían ser puro halago, pues al poco tiempo el Papa significaba su voluntad de que el Sagrado Corazón se hiciese cargo de un antiguo convento situado en el Tastevere para recoger allí a las niñas pobres del barrio.

Todo esto hizo comprender a la Madre Barat que Dios empezaba a enderezar sus pasos hacia Roma. Y pronto inició su peregrinación. El diario de este largo viaje (que después se repitió tantas veces) es una entretenida sucesión de episodios pintorescos y sabrosos.

Con ocasión de su paso por Turín, visitó la comunidad que gobernaba con piadosa energía la Madre Limminghe. Allí se agravó su dolencia del pie y tuvo que hacer uso de muletas hasta que el médico, convencido, por cierto, de que había ocurrido algo sobrenatural, firmó el certificado de curación.

Lo que más hondamente se grabó en el ánimo de la Santa fue el alto que hizo en Loreto con sus compañeras de viaje para venerar la Santa Casa. Muy cerquita de allí, en Porto Recanati, Sofía sintió reverdecer, de cara al Adriático, sus recuerdos de Joigny, cuando la lectura de los clásicos la encendía en deseos de arribar a las costas de Grecia.

¡Qué lejos quedaban ya las horas de Joigny! Sofía había vuelto alguna vez a su casa, pero no pudo asistir a la agonía de su madre. Luis, su hermano, en cambio, recogió su último suspiro.

Franqueando la cordillera de los Apeninos, llegó la Madre Barat a los suaves paisajes de Umbría, tan parecidos a los llanos soleados de su Borgoña natal. Pronto el camino entraba en el cauce del Tíber, que acompañaría a las peregrinas hasta dejarlas a las puertas de Roma. Por la antigua Vía Flaminia, la ciudad descubre al viajero sus primeros encantos. El Ponte Milvio, a los pies del monte Mario, evoca el primer recuerdo poderoso del pasado. Ese puente significa el triunfo del cristianismo sobre la paganidad. Allí empezó el imperio cristiano de Roma sobre el universo. En la cima del monte, los peregrinos de la Edad Media, los «romeros», se hincaban de rodillas y saludaban con un himno a la Ciudad Eterna acostada junto al lecho del Tíber y velada por las siete colinas.

La Madre Barat llegó a la Trinità por primera vez en la tarde del 25 de octubre de 1832. Otras cinco veces más volvió a Roma, donde, según escribe ella misma, pasó «los momentos más felices de su vida». Su primera estancia está íntimamente circunscrita a estos muros del antiguo convento de los Mínimos.

Con ser muchos los recuerdos de su paso por la Trinità, dos son los más preciosos. Uno es el «diario de la casa», que arranca en el mismo día que llegó la Fundadora y, a lo largo de una menuda caligrafía, va contando todos los pormenores de su vida. Dos cosas se destacan: el sentido de pobreza que presidió esta fundación y la vida de las religiosas. En realidad, el fasto y la grandeza de la Trinità son puramente externos. El convento se parece a cualquier otro convento. Los Mínimos, sus antiguos moradores, llevaban la austeridad a punta de lanza. El otro rasgo que acusa el «diario de la casa» es el cariño y la solicitud paternal de que era objeto la comunidad por parte del Papa y de los altos prelados de la Curia.

Muy pocos días después de la llegada de la Santa, Gregorio XVI, que estaba ya avisado de su venida, se presentó de improviso ante las puertas de la Trinità. Quería saludar a la Fundadora de la que había oído tantos elogios de santidad.

La Madre Barat estaba indispuesta, con uno de sus tantos achaques. El Papa, al saberlo, pidió que le acompañasen a su aposento. El diario recoge los términos paternales de aquella conversación en la que el Papa mostró su extrañeza por la juventud de la Fundadora y le dijo con sonrisa complacida: «Este es vuestro sitio. Todos los Superiores Generales deben estar en Roma».

Las visitas de Gregorio XVI y, luego, de Pío IX a la Trinità serán frecuentes en los años sucesivos. Esta amistad de los Pontífices, hecha de admiración y respeto hacia La Santa, no pasaba inadvertida. El Padre Lacordaire escribía por aquellos años a Mme. Swetechine: «La Madre Barat es persona íntimamente unida al Papa».

El otro documento que conserva el paso de la Fundadora por esta casa es el libro de sus conferencias a la comunidad. La Madre Barat tenía la costumbre de actuar en las casas que visitaba como superiora efectiva y por nada del mundo se creía dispensada de los oficios de su cargo. A la comunidad, reunida al caer la tarde, le hablaba del espíritu del Instituto, de la devoción al Corazón de Cristo, del sentido de las fiestas litúrgicas. Hoy se leen con fruición estas conferencias de las que emana aquel sabroso perfume teológico y litúrgico con el que sabía adobar sus conversaciones espirituales.

Pero no sólo la comunidad gozaba de su presencia y solicitud. La Madre Barat compartía sus atenciones por igual con las alumnas. Entre las niñas tenía sus verdaderas delicias. Aquí, en la Trinità, seguía de cerca a las alumnas, participaba en sus alegrías y se ganaba rápidamente su confianza.

Entre todos los hogares que el Sagrado Corazón tiene esparcidos por el mundo, quizá sea éste el que más atractivo ejerce sobre esta archinumerosa familia. El encanto de la Trinità es tan viejo como fresco. Es esa fascinación múltiple e irresistible que tienen todas las cosas de Roma. Nadie sabrá decir si las basílicas, las plazas, las fuentes, sus obeliscos y sus pinos son bellos por ser viejos o a pesar de serlo. Roma esconde en cada rincón un encanto distinto. Junto a la poderosa huella imperial, el paso leve de los santos. Por debajo del poso que van dejando en su piel todos los siglos, la sangre cristiana que le da vigor de eternidad. Las ruinas imponentes y las colinas verdes. Las fuentes de grandeza teatral y los chorros humildes brincan sin que los turistas abran la boca de admiración. Como ese que está a tan pocos pasos de la Trinità que casi se oye repiquetear el agua desde el jardín del convento. Es una fontana pobre como el claustro monacal. Hay que verla a la hora del *tramonto* cuando el sol se pone por detrás de la cúpula de San Pedro.

La caída de la tarde desde el Pincio es cosa de ver. El aire se torna lento. Hay una calma redonda y escarlata allá, por detrás de la Basílica. El *tramonto* parece entonces un espectáculo organizado adrede para glorificar la silueta de San Pedro. Y la fuentecilla que cae exactamente en el centro de la estampa sigue rumoreando. «La fuente canta con su murmullo las excelencias de la vida», dice la inscripción de otra de las fuentecillas del Pincio.

Allí mismo está el muro externo de la Trinità, que comparte su dominio de la colina con la Villa Médicis. Siempre fue esta «villa» un feudo francés y hoy es aún la sede de la Academia Francesa. A la entrada de la Academia, una columna de estilo «miliario» recuerda con inefable ironía la prisión que sufrió allí Galileo en las cárceles de la Inquisición, «reo de haber visto a la Tierra dar vueltas alrededor del Sol».

En el mismo muro de la Trinità, alguien puso un busto de Chateaubriand. Curioso, porque él y la Madre Barat, cada uno en su estilo, juntaron sus brazos en la tarea de restaurar el catolicismo en Francia después de la Revolución.

El vasto jardín que posee la Trinità va escalonándose a medida que remonta la suave inclinación de la colina. Antiguamente se extendían por estos parajes los jardines de Lúcullo, el vencedor de Mitrídates. Luego fueron propiedad del Emperador, que los destinó al regocijo del pueblo. Hoy, el jardín tiene muy bellos rincones en sus amplias avenidas y crecen en un discreto abandono palmeras, mandarinos y olivos, además de los altos pinos que campean en la cresta de la colina como enormes paraguas abiertos.

Todo el complejo de la Trinità, que es hoy convento, colegio, jardín de infancia y residencia estudiantil, se centra y se recoge en el amplio claustro central. Es una obra renacentista del siglo XVI. Los andenes del claustro están decorados por veintiséis paneles de buen gusto en los que se narran la vida y milagros de San Francisco de Paula. Más tarde, en el XVIII, se decoraron los lunetos de la bovedilla con los retratos de todos los reyes de Francia. Allí, los reyes francos, los merovingios, los capetos y los borbones hasta el último, Carlos X, que fue precisamente el que cedió la Trinità al Sagrado Corazón. En los lunetos vacíos se colocaron el nombre y los símbolos de San Francisco de Paula y de Santa Magdalena Sofía Barat.

Cruzando las escaleras y galerías, de áspero sabor monacal, se llega a las antiguas estancias de los Mínimos y lo que fue espléndida biblioteca del convento. Sus paredes y la bóveda conservan los frescos de la «Gloria» de San Francisco de Paula.

En la galería norte, habitada por la comunidad, el ocio de los frailes creó una «curiosidad» sorprendente. Se trata de un *astrolabium* y consiste en un peregrino reloj de sol cuya factura pone de relieve la paciente y minuciosa inventiva de los monjes. El reflejo de un cristal cóncavo, que toma el sol del alféizar de la ventana próxima, señala, sobre un complejo entramado de líneas dibujadas en la pared, la hora precisa. Y, además, los puntos geográficos, los signos del Zodiaco y mil cosas relativas a las estrellas.

Poco más allá, en el ala del poniente, otro capricho frailuno. Esta vez es un paisaje que, al apartarse y verlo desde lejos, se convierte en un fraile en oración.

En una de las habitaciones de estos claustros, la Madre Barat recibió la visita de Gregorio XVI. En otra sala hay un busto de Pío IX. Se cuenta de él que, en una de las visitas que hizo a la Trinità, exclamó al verlo: «He ahí el miserable cuyo nombre será signo de contradicción». Pocos días después de esta afirmación tuvo que refugiarse en Gaeta.

La iglesia de la Trinità es, como tantas iglesias de Roma, un pequeño museo. Las capillas laterales están decoradas con pinturas de mérito. La más notable es un *Descendimiento de la cruz,* de Daniel Volterra, discípulo de Miguel Angel. Hay también un lienzo de Julio Romano, el predilecto de Rafael. En la sacristía, una crucifixión atribuida a Mantegna. Además, lápidas y sepulturas con nombres famosos: Massimi, Borghese...

Asomada sobre el presbiterio y cerca de la clausura está una tribuna y en ella, el reclinatorio que usaba la Madre Barat. Desde ahí seguía las ceremonias religiosas cuando, por su enfermedad, no podía desplazarse a la iglesia.

Las torres gemelas de la Trinità no son únicamente una de las siluetas más familiares de Roma. Son también una de las mejores atalayas para contemplar la Urbe. Desde su altura, la vista es triunfal. A la derecha, el monte Mario cierra el paisaje. La majestad del Vaticano, en el centro. A la izquierda destacan los verdes del Gianicolo y del Aventino. Cierra el panorama el monumento a Víctor Manuel, que oculta la vieja gloria del foro y de los templos romanos. Y a los pies de la Trinità, en el centro, ese bosque de cúpulas, de obeliscos y de espadañas que es Roma. Y ese color ocre que campea en todos los edificios y esa vida que bulle rebosante en todas las calles de la ciudad.

Con todo, el verdadero atractivo de la Trinità, el corazón de la casa, está en uno de sus pasillos. Es el entrañable fresco de *Mater Admirabilis*. El que hace de la Trinità un santuario visitado y querido como el que más.

La historia de esta deliciosa imagen tiene algo de prodigioso. Se debe al pincel de Mlle. Paulina Perdrau. Esta muchacha francesa vino a Roma para perfeccionarse en las Bellas Artes, y en concreto en pintura. Su inclinación religiosa la movió a entrar como postulanta en el Sagrado Corazón. Una vez en la comunidad, las superioras estimaron que Paulina debía seguir completando sus estudios artísticos.

Por este tiempo inició la decoración de uno de los muros interiores del convento. Era un pasillo de tránsito habitual para las postulantas y para las alumnas.

¿Qué mejor decoración que una imagen de la Virgen adolescente?

Paulina puso manos a la obra con más ilusión que otra cosa, pues apenas conocía la técnica del fresco. Mientras ejecutaba su pintura, la joven postulanta oyó muchos pareceres desfavorables. La realización se alargaba demasiado y todo el mundo estaba convencido de que el fresco no pasaría de ser un capricho de aquella joven, la única entusiasmada con la obra. Los colores fuertes y chillones no gustaban. El albañil que le ayudaba a preparar la pared, algo entendía cuando aconsejó tapar el cuadro y esperar unos días. La pared podía chupar el color. Era bueno esperar unos días antes de destruir la pintura.

Por fin llegó el día de descubrir el fresco. Ante los ojos de todos, incrédulos y curiosos, apareció una imagen encantadora de María adolescente. El fresco tenía una poderosa fascinación espiritual. Muy pronto esa Virgen Niña se convirtió en el huésped de honor de la Trinità. Las postulantas y las niñas se acercaban a ella con frecuencia. Los visitantes eran indefectiblemente invitados a contemplarla. La autora era la primera sorprendida del resultado de su trabajo.

La *Virgen del Lirio* se hizo pronto famosa fuera de casa. Se la llamaba así por la vara de azucenas que figura a la derecha de María. Fue Pío IX quien le cambió el nombre. Hasta él habían llegado rumores sobre la singular pintura de la Trinità. Quiso verla personalmente y su admiración se tradujo en repetidas exclamaciones: «¡Es admirable! ¡Admirable!».

Desde aquel día, el nombre de *Mater Admirabilis* hizo fortuna. Pero su fama subió de pronto cuando empezó a hablarse de milagros y gracias extraordinarias. El primero que recibió esta ayuda de *Mater* fue el Padre Blanquin, misionero del Inmaculado Corazón de María, que recuperó la voz perdida al encomendarse a Ella.

El encanto y atractivo de la pequeña imagen es cosa difícil de explicar. Se trata de un fresco de colores más bien chillones, pero transido de una infantil ingenuidad. La Virgen María, doncella, está sentada en un trono muy simple. Tiene el huso entre sus manos y una canastilla a sus pies. Encima, un libro que parece acaba de dejar al terminar la lectura. A la derecha de la Virgen hay una vara de azucenas que se inclina graciosamente hacia Ella, y a su izquierda, un alto palo con el típico mechón de lino para la labor. María viste un amplio traje rosa ajustado en un corpiño, y toca su cabeza con un manto blanco que cae con bello descuido sobre sus hombros y espalda hasta el borde del vestido. Apoya el pie derecho en pequeño taburete. Su brazo derecho descansa sobre la rodilla y en su mano está quieto el huso. La mano izquierda reposa sobre el brazo derecho. En el fondo del fresco, los colores del atardecer de Roma, y arriba, una estrella. María tiene los ojos bajos, y toda su actitud es más que recogida. Se diría que algo extremadamente importante la centra en su interior. Como si el ángel acabase de dejarla a solas y María meditase sus palabras. ¿Está María abandonada a su Dios como una enamorada, o es ya la «Virgen de la Esperanza»? Es el misterio de *Mater Admirabilis*, tan delicada, tan tenue, que parece va a quebrarse de un momento a otro su encanto.

El fresco de Paulina Perdrau, aparte de su curiosa fascinación, venía a ser la síntesis de la vida y la espiritualidad del Instituto de la Madre Barat.

María ha sido sorprendida en el momento en que interrumpe su tarea para entrar dentro de sí y abismarse en la oración. Activa y contemplativa a la vez, sintetiza las dos vertientes de la vida cristiana y viene a convertirse en el modelo de toda religiosa del Sagrado Corazón. El difícil equilibrio entre trabajo e interioridad está perfectamente expresado en la actitud de María, en su libro de rezos y a la vez en el huso, la canastilla y todos los enseres para la labor.

Si el fresco de *Mater Admirabilis* se hizo entonces entrañablemente querido, hoy puede decirse que nada ha perdido de su encanto ni de su atractivo. Es él el que guía hasta la Trinità los pasos de miles de personas que vienen a arrodillarse ante esta Virgen deliciosa. A la entrada de la capilla, algunas lápidas recuerdan visitas a *Mater* muy importantes. Allí está el nombre de Magdalena Sofía Barat. El de San Juan Bosco, que oró ante el fresco en 1869, y el de Santa Teresita del Niño Jesús, que subió a la Trinità con ocasión de su viaje a Roma para pedir al Santo Padre dispensa de edad para entrar en el Carmelo.

Esas y otras son las visitas sonadas. Pero en realidad se trata de un jubileo constante. La atracción de *Mater Admirabilis* es fuerte, muy fuerte. Y no sólo entre la gran familia del Sagrado Corazón. Por supuesto que para una antigua alumna sería imperdonable venir a Roma y no subir a la Trinità. Realmente, la Trinità es un hogar abierto y caliente. Aquí se oyen a todas horas voces y acentos de todas las partes del mundo acordadas en un mismo amor.

El registro de firmas de *Mater* recoge al día una buena carga de recuerdos. Es curioso repasarlo al final de cada jornada y ver cómo allí palpitan idénticos latidos de mil diversos corazones. Predominan firmas de Hispanoamérica. Apellidos de vieja sonoridad española: de Chile, Perú, Méjico, Argentina... Frases en japonés, saludos en inglés, en árabe, en todas las lenguas. Buen manojo de flores el que cae todos los días a los pies de *Mater Admirabilis*.

Dos antiguas alumnas de Uruguay me dicen bajando la escalera de la Trinità:

—Para nosotras venir a Roma significa ver al Papa y orar ante *Mater*.

—Y las dos cosas las han conseguido, ¿no?

—Claro. Al Papa sólo hemos logrado verlo una vez, pero aquí es ya la quinta que subimos.

La gran escalera de la Trinità es otro de los muchos encantos de Roma. Hay que verla en el mes de mayo cuando se cubre por completo de hortensias como si fuera un jardín exuberante. Y hay que verla, a todas horas, porque es punto de cita de artistas y estudiantes, de turistas y aburridos. Si hay algo pintoresco en Roma es esa escalinata. Los innumerables devotos del *dolce far niente* la consideran suya. Porque es una escalera que no les sirve para subir o bajar, sino, ante todo y sobre todo, para estar.

Esta filosofía de estar y de mirar, a secas, tiene su misterio. Mitad picardía, mitad señorío. El Padre Rozaven, tan ligado a los asuntos del Sagrado Corazón en Roma, solía decir: «Cuando no quiero apresurarme, me acuerdo de que soy romano». Y esta asignatura de la parsimonia es la que tiene su cátedra en la escalera de la Trinità. Aquí debió nacer el dicho romano: «Si te entran ganas de trabajar, coge una silla y siéntate; verás cómo se te pasan».

Al pie de la gran escalinata hierve la vida romana. Allí mismo, la Plaza de España con su columna de la Inmaculada. A dos pasos, Vía Margutta, la meca de los artistas, de los bohemios, de los que traen el bolsillo abultado de dólares. De frente, Vía Condotti, con sus palacios, sus tiendas y su empaque señorial. Y al fondo, en lo más alto, la silueta inconfundible de la Trinità, que corona el encanto de este rincón y que es, allá arriba, el trono de *Mater Admirabilis*.

SANTA RUFINA

Cuando Magdalena Sofía llegó a Roma en 1832, la Trinità no era la meta de su viaje. El célebre convento llevaba cuatro años largos en manos del Sagrado Corazón. Su vida era próspera apoyada en la protección de Gregorio XVI, que la seguía de cerca. Más de una vez, de vuelta de uno de sus paseos por el Pincio, sorprendió a las religiosas y a las alumnas con su inesperada visita.

Se echaba de menos en Roma un noviciado para la Sociedad del Sagrado Corazón. La Trinità dei Monti no era el lugar apropiado. El edificio estaba enclavado en uno de los barrios más señoriales de la ciudad, y, por otra parte, en cumplimiento de las condiciones impuestas por el rey de Francia al ceder el edificio, la Trinità sería considerada como una casa netamente francesa. Imposible pensar en la instalación de un noviciado italiano entre sus muros.

El Padre Rozaven, que velaba solícitamente por los intereses del Sagrado Corazón, averiguó en sus pesquisas que en el popular barrio del Trastevere estaba en venta un antiguo convento. Se trataba de un monasterio pobre y destartalado que, tras muchas vicisitudes, llegó a manos de la duquesa Andosilla, que también quería deshacerse de él.

Estaba enclavado sobre el solar de una antigua casa romana donde, según la tradición, vivieron las santas Rufina y Segunda, que sufrieron allí mismo el martirio en tiempos del emperador Galiano. La iglesia estaba dedicada a las dos santas, pero iglesia y convento llevaban el único nombre de Santa Rufina.

La humildad del viejo monasterio era extrema. El Padre Rozaven conocía de sobra a la Madre Barat y estaba seguro de que esta adquisición iba en la línea de casas tan pobres como Ste. Marie-d'en-Haut y los Feuillants de Poitiers. Por otra parte, allí lo que se pretendía instalar era un noviciado.

Las buenas relaciones que este jesuita, un poco «embajador» del Sagrado Corazón en Roma, mantenía en el Sacro Palacio le movieron a hablar personalmente con el Papa de este asunto. A la vez que le explicaba el proyecto del noviciado y las características de Santa Rufina, el Padre Rozaven solicitaba su apoyo para la adquisición.

El Papa se mostró muy favorable a la petición, pero observó que él, a su vez, también quería pedir un favor a la Madre Barat. Santa Rufina estaba enclavada en el centro del Trastevere. En ese barrio tan pobre había muchos niños que carecían de instrucción y sería muy bueno que el Sagrado Corazón abriese una escuela para ellos.

Esta petición proporcionó a la Madre Barat una intensa satisfacción. El rango de la Trinità le causaba inquietudes a pesar de que su adquisición se debía a la iniciativa de un Papa. En cambio, en Santa Rufina, entre esa infancia callejera y descuidada de todos, estaría a sus anchas.

De hecho, durante sus largas estancias en Roma, aunque el Sagrado Corazón tenía dos casas más en la ciudad, prefirió siempre residir en Santa Rufina, la más pobre de todas.

Y lo curioso es que en el pintoresco Trastevere se recuerda aún hoy con cariño la figura de la Madre Barat, tan ligada desde su convento a las necesidades de la gente humilde del barrio.

El Trastevere es, entre todos los barrios de Roma, el más popular y el más pintoresco. Emplazado entre el cauce del Tíber y la colina del Gianicolo, sus calles forman un complicado laberinto. Las gentes del Trastevere son gente humilde. Abundan los pequeños artesanos. Casi cada portal es una tienducha o taller y la calle parece siempre el pasillo común de toda la vecindad. En ella se habla, se trabaja, se gesticula y hasta se come. Ni qué decir tiene que la pulcritud no distingue al barrio. Muy al contrario. El hacinamiento, la falta de higiene, la antigüedad de sus casas, le dan un aspecto ruinoso, miserable. Con todo, el Trastevere es un «mundo». Atractivo y peligroso a la vez. Tiene su ley como tiene su lenguaje: el «romanaccio». Y tiene a cada paso lecciones de esa extraña filosofía de vivir que, como no puede llamarse de otra manera, se llama «trasteverina». Es un sabroso pisto de picardía y de indolencia, de superstición y de antigua grandeza.

El barrio como tal es muy viejo. La historia de la República recuerda las luchas entre estos vecinos y los sabinos que habitaban la ribera contraria del Tíber, a la sombra del Capitolio, del Palatino y del Celio.

En la Edad Media, tan azarosa para la vida de Roma por las intrigas interminables entre las familias romanas y las luchas del Imperio contra el Pontificado, los Papas encontraron siempre a su lado a los trasteverinos. Su fidelidad se hizo proverbial y lo sigue siendo. Un trasteverino se considera nacido *sotto il copolone* y mira siempre la cúpula de San Pedro como el techo de su casa.

Este Trastevere ruidoso y vocinglero, simpático y paupérrimo, además de barrio papal, ha sido barrio de santos. Muchos han recorrido sus *vicolos* estrechos para ayudar a sus gentes.

Antes que Magdalena Sofía, San Felipe Neri dejó en cada rincón del Trastevere la huella de su caridad. Fue un santo popular como ninguno, trotador incansable de estos vericuetos malolientes.

Aquí se recuerda también con veneración a una gran figura española: el Cardenal Merry del Val,

Secretario de Estado de San Pío X. En los actos protocolarios del Vaticano lucía su púrpura y su fina diplomacia. Para el Trastevere reservaba su humilde e infatigable caridad. Junto a su tumba, en las grutas del Vaticano, difícilmente faltarán las flores baratas que llevan los trasteverinos.

El Sagrado Corazón se instaló en el Trastevere el 6 de mayo de 1833. La Madre Barat felicitó a las novicias y a las religiosas de la primera comunidad con estas palabras: «Pueden considerarse mil veces dichosas por haber sido elegidas para evangelizar a los pobres».

Apenas puestos en marcha el noviciado y la escuela popular, la Madre Barat regresó a Francia. En septiembre del mismo año se tendría en París un nuevo Capítulo General. La revolución del 30 había causado llagas en el Instituto que reclamaban cura y revisión. Se habían cerrado algunas casas y la epidemia había causado estragos en varias comunidades. La Sociedad, no obstante, seguía creciendo y era preciso perfeccionar su sistema de gobierno.

Pero la Madre Barat volvería a Roma con frecuencia y si alguien pretendía hablar con ella, sabía que la encontraría en Santa Rufina. Las visitas, sobre todo de los eclesiásticos, eran muy frecuentes. La serena santidad de la Fundadora ejercía un notable influjo en los que se le acercaban. Esto hacía que se buscase con frecuencia su ayuda y consejo. «Quisiera estar a solas siempre y en todas partes, y, sin embargo, cuánta gente tengo que ver aquí», escribía.

La Madre Barat repartía su tiempo entre las novicias, las niñas y las visitas que la reclamaban, y encontraba tiempo para otras obras y visitas de caridad. Si en todas ponía esa dulzura tan suya, hay que decir que una de esas visitas fue una obra maestra de exquisitez.

Vivía en Roma aquella famosa Madre Beaudemont, que por los días de la crisis de Amiens tanto favoreció las intrigas de St. Estève. Vino a Roma para dirigir la casa madre que pretendía establecer el «fundador». Fracasaron sus manipulaciones y se quedó al frente de una casi simbólica comunidad. Malamente sacaba adelante su pobreza dando algunas clases. La Madre Barat visitó en su propio convento a su antigua compañera. La emoción de este encuentro fue grande para las dos. La Madre Beaudemont no salía de su asombro y la Santa comprobó con humilde satisfacción que en aquel pobre convento se la conocía con el nombre cariñoso de «la Madre».

Las fundaciones seguían creciendo. La Madre Barat presidió la de Jette, en las afueras de Bruselas, y en ese año de 1836 se abrieron las casas de Nantes y Tours, en Francia. También en Pignerol, próximo a Turín, donde se adquirió una vieja abadía cisterciense.

Este crecimiento continuo de fundaciones puso a la Sociedad ante una nueva crisis, mucho más peligrosa, si cabe, que la de Amiens. Entonces, las dificultades partían de fuera de la Sociedad. Ahora, la unidad, que parecía granítica, se cuartea porque el peligro crece en el mismo seno de la Sociedad con la rapidez descarada de la cizaña.

En el Capítulo General de 1833 en París, cuando el Instituto acababa de salir de la prueba de la revolución, se manifiestaron los primeros síntomas de la crisis. Dado el crecimiento de la Sociedad, su gobierno no podía seguir rigiéndose por el primer estatuto. Exigía ciertos retoques. Para todos los asuntos de América se nombró una Asistenta General. La Madre Audé sería la primera en ejercer el cargo. Por otra parte, la Madre Isabel Galitzin, en calidad de Secretaria General del Instituto, trabajará junto a la Madre Barat y la descargará de muchos asuntos. Pero los problemas eran más hondos.

Los intensos viajes que realizó la Madre Barat entre los años 33 y 39 la fueron convenciendo y cada vez con mayor evidencia. A través de la crisis de

Amiens, el Instituto había pasado de la infancia a la juventud. Esta nueva crisis lo llevaría definitivamente a la tierra firme de la madurez. Pero antes de llegar tendrá que purificarse por un arduo camino de sufrimiento.

El Señor introducía su mano entre las hojas del árbol para comprobar si efectivamente había fruto escondido entre el follaje. Sacudía el árbol para que sólo quedasen los frutos firmes. Era la hora de la poda y siempre hay dolor, aunque la poda sea la mejor garantía de pujanza.

La Sociedad del Sagrado Corazón vivía asentada sobre las Constituciones de 1815, aprobadas definitivamente por el Papa en 1826. Pero las circunstancias habían cambiado notablemente en el 39. Ahora son cuarenta fundaciones en marcha. En el año 15 eran seis. Las religiosas eran todas francesas. Ahora, las comunidades del Sagrado Corazón están formadas también por monjas de América, Italia, Bélgica, Suiza. ¿Cómo regir este cuerpo, ya adulto, con las normas tan simples de su infancia? ¿No había llegado el momento de revisar a fondo la estructura de la Sociedad?

Las opiniones estaban divididas. Unas pensaban en una reorganización total e incluso una transformación de las Reglas primitivas. Estos deseos de renovación chocaban fuertemente con la inevitable tendencia tradicional que no toleraba se hablase de corrección. A lo más se podría pensar en adaptación teniendo en cuenta la mutación de las circunstancias. Entre las mentes rectoras del Instituto se insinuaban cada vez con más fuerza las diferencias.

Las que rechazaban la idea de reformar se apoyaban en las palabras de Gregorio XVI: «Debido a la educación monástica que he recibido, ciertamente no aprobaría determinados puntos del Sagrado Corazón. Pero esta Regla ha sido inspirada por Dios y no quisiera cambiar por mi cuenta ni una sola palabra».

Más recientemente, el Cardenal Odescalchi, Vicario de Roma, cuando ya asomaban los primeros brotes de la crisis, previno a la Madre Causans: «Tengan cuidado. Lo mejor suele ser enemigo de lo bueno. El primer impulso de los fundadores lleva el sello de Dios. No puede tocarse sin peligro». Pero también, entre los altos cargos de Roma, había quienes compartían la idea de que una Sociedad con tan rápido crecimiento tenía que revisar necesariamente su estructura.

A este grave problema, que afectaba a la entraña del Instituto, se unía otro, quizá de menos envergadura pero que daría pie a serios conflictos: la cuestión de la residencia de la Madre General. La Sociedad había nacido en Francia, pero sus raíces estaban ya en otros países. Se había hecho católica. ¿No era entonces Roma el lugar más apropiado? Roma le daría una mayor universalidad espiritual que no podía darle París. La casa madre debía estar a la sombra del Vaticano como lo estaban las Curias generalicias de las demás congregaciones.

Además, las circunstancias políticas de Francia se hacían cada vez más inciertas. La residencia de la Superiora General en París sería un riesgo continuo, como lo habían demostrado los hechos en la revolución del año 30. Los Estados Pontificios ofrecían, por el momento, mayor seguridad.

Junto a estos argumentos estaba la discreta actitud de Gregorio XVI, que había sugerido la presencia de la Madre Barat en Roma y se lo había dicho personalmente en la Trinità. Pero esta sugerencia no quería ser, de ningún modo, una orden. Su Santidad había dicho algún tiempo después que «los generales de las Ordenes no se encadenan nunca». Respetaba, pues, la iniciativa de la Sociedad y dejaba en manos del Instituto la decisión. Con este oscuro horizonte se convocó el Capítulo General para el mes de junio de 1839, en Roma.

Algunas de las primeras compañeras de la Madre Barat, las que mejor conocían el espíritu del Instituto, no pudieron acudir a Roma. Las Madres Deshayes y Grosier, por su avanzada edad. La Madre Eugénie de Gramont, debido a la situación política que atravesaba París. Con todo, en el Consejo figuraban algunos de aquellos gloriosos nombres de los primeros días. Las Madres Charbonnel y Desmarquet y, junto a ellas, las Madres Audé, Galitzin y De Limminghe. Estas dos eran, entre las diez que formaban el Consejo, las más decididas partidarias del romanismo del Instituto y de su renovación total. La Madre Galitzin había dicho taxativamente que «prefería ser suprimida a no ser romana». En cuanto a la estructura de la Sociedad, patrocinaba, no sólo una inspiración al estilo de la Compañía de Jesús, sino una total conformación con sus estatutos.

Frente a un «jesuitismo» tan extremado, la Madre Barat manifestó serenamente su pensamiento. «Creen algunos —escribía— que las mujeres pueden ser gobernadas como los hombres. Los hechos se encargarán de demostrar si es posible».

El Capítulo de Roma inició sus «reformas» con la división de la Sociedad en Provincias y el nombramiento de sus respectivas provinciales. A la vez se reformaba el Consejo de doce Madres que asesoraban de manera permanente a la Superiora General.

En estas dos decisiones se veía ya claro el predominio que las partidarias de la renovación iban adquiriendo. Ambas reformas estaban inspiradas netamente en el estilo jesuítico. Uno tras otro, se reformaron nada menos que cuarenta y dos artículos de las primitivas Constituciones.

Tan profundo era el cambio, que se creyó imprescindible la sanción de la Santa Sede. En realidad, era poco menos que unas nuevas Constituciones. Se incluía también la decisión de fijar, de manera definitiva, la residencia de la Madre General en Roma.

El Capítulo podía dar por concluidos sus trabajos pero a la Madre Barat le quedaba por hacer la tarea más difícil: lograr con prudencia y suavidad que fuesen comprendidas y aceptadas tan hondas transformaciones.

Como era de esperar, pronto empezaron a llegar las primeras reacciones. Ninguna apenó tanto a la Fundadora como la del Padre Varin. El era el que había alumbrado los primeros Estatutos. El conocía como nadie aquel secreto recibido del corazón ardiente del Padre de Tournély. El había dado a la obra el impulso inicial. Ahora el anciano religioso se quejaba de que ya no era posible reconocer a su antigua y entrañable criatura. Hasta el título de la Sociedad se había rectificado. Donde se escribió que la Sociedad «tiene por fin glorificar al Sagrado Corazón de Jesús», las nuevas manos habían escrito «consagrarse a la gloria de Dios».

Los decretos del Capítulo de Roma encontraron, sobre todo en Francia, una enorme oposición. Pero en ninguna de las casas, tan fuerte como en el Hotel Biron. Se notaba allí, más que en ningún otro sitio, la influencia del Arzobispo de París, Mons. De Quelen, que vio con enojo las novedades tan profundas determinadas en Roma. Su condición de Arzobispo de la diócesis donde radicaba la casa madre del Instituto, le hacía creerse con el derecho de ejercer sobre la Sociedad entera un patrocinio y una autoridad.

Tanto la reforma como el traslado de la Superiora General le movieron a solicitar la colaboración de un buen número de obispos de Francia que se solidarizaron con él y dirigieron una carta conjunta a la Santa Sede, oponiéndose a los decretos del Capítulo.

La intervención de Mons. De Quelen complicó más la difícil situación. La dura crisis de unidad interior desbordó los límites del Instituto para convertirse en un episodio de alcance público y nacional. Las relaciones de aquella Francia inestable y liberal con Roma no eran precisamente cordiales. Lo que venía de París, le sonaba al Vaticano, casi siempre, a galicanismo. Cuanto salía de Roma sonaba a intromisión en Francia. En estas circunstancias, la crisis del Sagrado Corazón corría el peligro de convertirse en conflicto serio. Alguien llegó a calificar entonces el problema como «el asunto más grave de la Iglesia de Francia».

El dolor de la Madre Barat por la escandalosa publicidad que iba adquiriendo el problema y la crisis de unidad entre sus hijas se refleja en la carta de octubre 1839, escrita desde Roma: «Nos hemos convertido en espectáculo a los ojos de Dios y de los hombres. ¿Qué ha sido de aquel *cor unum* de que tanto nos gloriábamos? ¿Era el momento de provocar semejante estrépito y de hacer creer al mundo que estamos divididas, siendo así que nadie quiere estarlo y que cada una de nosotras estaría dispuesta a sacrificarlo todo antes que dar un ejemplo tan deplorable?».

Las palabras de la Madre Barat no eran una prueba de angelismo inocente. A una y otros les dolía la difícil situación creada y la postura de todos estaba bien lejos de intereses humanos. Nadie puso más ardor en la polémica que la Madre Galitzin, por una parte, y Mons. De Quelen, por otra. Los dos estaban convencidos de prestar un servicio al Instituto y a la Iglesia. El Arzobispo de París murió al poco y sus últimas palabras manifestaron la rectitud de su proceder: «Voy a ser juzgado por Aquel a quien he amado tanto».

La Madre Galitzin llegó hasta el extremo heroico de ofrecerse víctima por la unidad del Instituto. La Madre General y su confesor autorizaron esta oblación y el Señor aceptó la ofrenda. Esta mujer de temple tan recio murió en América, víctima de la fiebre amarilla, en 1843. Precisamente cuando la decisión papal ponía fin a la crisis confirmando al Sagrado Corazón en su definitiva unidad.

El tumulto provocado por los decretos de Roma y las protestas de los obispos franceses determinaron en el Vaticano la creación de una junta de cardenales para estudiar el conflicto. Tampoco en el seno de la comisión cardenalicia parecía fácil un acuerdo total. En consecuencia, se buscó una solución intermedia. Los decretos impugnados se aceptarían, a título de prueba, por tres años antes de pasar a su definitiva aprobación.

Estos tres años fueron para la Madre Barat la calle de la Amargura. Es verdad que la crisis no afectó a la mayor parte de las religiosas. Ellas, las novicias y las alumnas de los colegios, ignoraban prácticamente lo que ocurría. Los problemas los conocían las superioras y las personas más destacadas del Instituto. No obstante, las comunidades no eran del todo ajenas al problema.

La Madre Barat se multiplicó en la difícil labor de dulcificar y pacificar por donde iba pasando. Las cartas de esta época dan la medida de su dolor y de la talla de su espíritu firmemente anclado en la esperanza. Nadie culpaba a la Fundadora de haber transformado tan seriamente las Constituciones, pero sí tuvo que oír que todo aquello era debido a su debilidad. Incluso comenzó a circular un rumor solapado. ¿No era ya la Madre General una anciana? ¿No sería todo aquello consecuencia de su senilidad? Al dolor de sentir la censura y la incertidumbre se unió el asalto de la enfermedad. En Lyon paralizó sus planes durante tres meses y más tarde, en 1840, permaneció más de dos meses en el lecho durante su estancia en París.

Los tres años de prueba iban concluyendo. A pesar de la crisis, nuevas fundaciones abrieron sus puertas a postulantas y alumnas. En 1839, Toulouse. Loreto, al año siguiente. En 1841, Nueva York, y en el 42 se establecía la primera comunidad en Canadá. La pujanza de la obra, a pesar de la turbación que atravesaba, era un consuelo para toda la Sociedad.

A punto de expirar el plazo de experiencia, había que volver a reunir el Capítulo General. ¿Dónde celebrarlo? El lugar volvía a ser un asunto espinoso. Tanto Roma como París suscitaban recelos. Se buscó un territorio «neutral» y se fijó la ciudad de Lyon y el mes de julio de 1842. Todo estaba a punto de empezar cuando un inesperado incidente hizo entrar la crisis en su etapa más aguda.

Monseñor Affre era el arzobispo que sustituyó en París a Mons. De Quelen. En seguida mostró su interés por los asuntos del Sagrado Corazón que miró también como cosa propia.

Cuando supo que el Capítulo General se tendría en Lyon, hizo llegar una carta a las consejeras avalada con la firma de veintidós obispos. Decía que como obispo de París, en cuya diócesis radicaba la casa madre, no autorizaba la asamblea de Lyon, que consideraba irregular, y que tendría por inválidas sus decisiones.

La carta de Mons. Affre cayó en el Capítulo como una bomba. Una nueva espina se sumaba a la corona que atormentaba al Instituto.

Se pensó que acudir a Roma era la única solución, y Roma falló en contra del Arzobispo de París. La comisión de ocho cardenales que estudió la papeleta consideraba que su condición de prelado de la diócesis no le autorizaba a controlar los asuntos internos de un Instituto que, además de contar con la aprobación pontificia, estaba extendido por varios países e incluso continentes.

Mons. Affre aceptó la decisión que le comunicó el Vaticano. El Capítulo de Lyon tenía vía libre. Pero ¿era oportuno celebrarlo? El Arzobispo de París gozaba de gran influencia ante el gobierno. Y el gobierno empezaba a mirar con cierto recelo a un Instituto que, según sus propios juicios, renunciaba a su condición de francés para adquirir la ciudadanía romana. La Sociedad necesitaba el respaldo de la ley civil para subsistir y Mons. Affre era un personaje clave en este terreno. Después de trabajosas deliberaciones se llegó a un acuerdo: el Capítulo quedaba aplazado indefinidamente.

En cuarenta y dos años que la Madre Barat llevaba al frente del Instituto, jamás había tenido que hacer frente a una situación tan dolorosa. Dificultades internas, dificultades de orden eclesiástico y dificultades políticas, todas se unían. Bajo sus pies no había otra tierra firme que la de la esperanza.

Una situación tan prolongada y tan compleja preocupaba seriamente a los amigos sinceros del Sagrado Corazón. Concretamente en Roma eran muchos los que deseaban una solución rápida que restituyese al Instituto su primitiva unidad. El primer interesado en ello era el Cardenal Pediccini, Protector de la Sociedad. También el Arzobispo de París acudió una vez más a la Santa Sede reclamando el arbitrio del Papa para que dilucidase autoritariamente la cuestión y «conjurase la ruina de una Sociedad tan útil a la Iglesia y a Francia, volviendo a poner en vigor, en su forma pura y simple, los Estatutos aprobados por León XII».

El Papa tomó cartas en el asunto y escuchó el parecer de una comisión de cardenales antes de dar sentencia. La Madre Barat se encontraba en el recién abierto noviciado de Conflans cuando recibió la comunicación pontificia. En cuanto a la residencia de la Superiora General, el Papa se inclinaba por la permanencia en Francia. Razones de tacto y de oportunidad política avalaban esta decisión. En el asunto de las modificaciones introducidas en las Reglas primitivas por los famosos Decretos adicionales del Capítulo de

Roma, la sentencia papal establecía la vuelta a las Reglas aprobadas por León XII.

El documento de Roma venía a aclarar definitivamente la situación. Se disipaban las turbaciones y perplejidades pasadas, pero a la Madre Barat, con su tacto, le tocaba lograr la adhesión de todas las religiosas que se habían mostrado partidarias de la reforma y que ahora veían truncadas sus esperanzas. En cartas y en visitas, en conferencias y entrevistas privadas, volcó la Santa toda la medida de su mansedumbre. El que la solución viniese de Roma facilitaba mucho el camino, pero la tarea de apaciguar los ánimos y restañar las heridas sería el triunfo personal de su bondad. En general, el Instituto y, en concreto, las monjas «reformadoras» dieron un emocionante espectáculo de sumisión y cordura. Sólo la Madre De Limminghe se creyó en la obligación de dimitir de su cargo de Asistenta General. Fue un error que lloró toda su vida. La impetuosa Madre Galitzin superó la crisis personal con la grandeza de ánimo tan suya y se ofreció a la Madre General para volver a América a restaurar en las casas la «antigua observancia».

Restablecida en la Sociedad entera la unidad y concordia, se pensó en celebrar el Capítulo fallido de Lyon. Pero por mucho tiempo no sería posible.

La revolución del año 30 en Francia había provocado una serie de explosiones en cadena en toda Europa. Las revueltas estaban a la orden del día. El Capítulo no pudo reanudarse hasta 1845 en la Ferrandière, muy cerca de Lyon.

Durante la larga crisis pasada, la figura de la Madre Barat se agigantó a los ojos de sus hijas. El ejemplo de su silencio confiado era emocionante. La entrega con que se consagró a limar las asperezas y las diferencias que surgían constituyó el mayor argumento para convencer a las reticentes. Las pasajeras insinuaciones sobre su senilidad no volverían a repetirse y la Madre Barat tendría todavía en sus manos las riendas del Instituto durante veintidós años. En su espíritu quedaban las marcas imborrables de la madurez que deja el dolor.

La Sociedad había atravesado una dura prueba. Purificada en la humillación de ver comprometida su unidad, adquirió de allí en adelante una cohesión definitiva. Por algo se ha dicho que, cuando el árbol es fuerte, el huracán, lejos de desgajarlo, lo fortalece.

La Madre Barat volvió a recorrer los caminos en ese vaivén incesante de viajes que fue su vida. A Roma volvió en enero de 1845. En el corazón del Trastevere, sus pequeñas le hacían olvidar los tragos de amargura. Santa Rufina era para ella un oasis de serenidad a la sombra del gracioso *campanile* románico que remata la iglesia.

Hoy el convento no pertenece al Sagrado Corazón. Desde 1917 lo habitan las religiosas de la Inmaculada de Ivrea, que conservan afectuosamente el recuerdo de Santa Magdalena Sofía Barat. Muchos de los cuadros y de los motivos que adornan la casa son herencia recibida del Sagrado Corazón. Es lo poco y lo mucho que allí queda de su paso.

VILLA LANTE

El paso de la Madre Barat por Roma dejó una huella profunda y múltiple. Cinco veces estuvo en la Ciudad Eterna entre los años 1832 y 1851. Para reconstruir sus pasos no basta subir a la Trinità ni recorrer las calles del Trastevere en busca de Santa Rufina. Hay que ir también a la falda del Gianicolo. Allí está la Villa Lante, el lugar que conserva como ninguno el recuerdo de Magdalena Sofía.

La Trinità fue la avanzadilla del Sagrado Corazón en Roma. Santa Rufina gozó de sus predilecciones por ser el hogar de la infancia abandonada del Trastevere. En la Villa Lante vivió sus horas romanas más intensas. De paz, junto al noviciado, de zozobra por las noticias que le llegaban de la Sociedad de todas partes. Sonaba la hora de la persecución.

El amor y el dolor caminan siempre de la mano y sólo cuando se sufre empieza a existir la seguridad de que se ama. La Madre Barat amaba maternalmente a la Sociedad. La había concebido bajo aquella idea fecundadora de la devoción al Corazón de Jesús. La alimentó con su doctrina en el infatigable magisterio de sus cartas, conferencias, diálogos. Pasó junto a la «cuna» de Amiens las horas tremendas de la crisis, como una madre que agota sus horas junto a la cabecera del hijo enfermo. Sembró la Sociedad en todos los surcos que encontró abiertos y esperó la floración con la misma ansiedad, con idéntica esperanza, que el labrador aguarda la cosecha. Permaneció en pie con el timón entre sus manos en las horas difíciles y en las alegres, cuando soplaron buenos vientos o soplaron tempestades. Su vida era su obra. No podía menos de amarla como una madre a la criatura de sus propias entrañas. La hora de la persecución contra la Sociedad la encontró en pie y preparada para recibir los golpes. Villa Lante es el relicario que encierra los recuerdos de su dolor sereno y también la memoria de sus profundas consolaciones.

Villa Lante dista de Santa Rufina un tiro de piedra. No hay que salir del Trastevere. El noviciado de Santa Rufina pedía urgentemente una nueva morada. Había crecido muy de prisa y le faltaban dos cosas que en un noviciado son tan necesarias como el pan: silencio y aire libre.

La escuela y el hogar de los pequeños era una algarabía perpetua. El ruido y el griterío estarán siempre donde haya un puñado de niños. Pero, además, en el Trastevere se usa generosamente de la voz y del grito. El barrio entero es como un inmenso patio de vecindad donde el silencio está poco menos que prohibido.

Por otra parte, el espacio para la expansión de las novicias era ya pequeño. A diferencia de otros noviciados de la Sociedad, no tenían dónde respirar a pleno pulmón, ni dónde pasear sus meditaciones, ni dónde divertirse a cielo abierto. Había que buscar otro lugar. Por eso la Madre Barat se sintió feliz cuando, sin salir de «su Trastevere», encontró lo que andaba buscando. «Soy una trasteverina —escribía—, este barrio es punto y aparte».

La Villa está situada en un extremo del Trastevere, hacia San Pedro y apoyada en la pendiente que conduce a la explanada del Gianícolo. Viniendo de Santa Rufina, se atraviesa la plaza donde está la Basílica de Santa María, cerca de la de Santa Cecilia. Las dos son como el corazón del barrio tutelado por sus airosos «campaniles». Un poco más allá está la cárcel de Roma. Los presos de *Regina Coeli* son los vecinos más próximos de Villa Lante.

Villa Lante perteneció a la noble y romana familia de los Borghese y, en el Renacimiento, la decoró Julio Romano, discípulo predilecto de Rafael. Roma abundaba entonces en camarillas de humanistas y letrados que vivían codiciosamente el sarampión renacentista. Villa Lante, emplazada en un lugar muy atractivo, ofrecía sus salones que se llenaron de presencias ilustres. Leonardo y Rafael fueron algunos de los que sostuvieron el prestigio de las tertulias.

Cuando la Madre Barat adquirió la Villa quedaban pocas huellas de las glorias antiguas. Pero seguía siendo muy vasta la propiedad que rodeaba el edificio y eso era lo que andaba buscando para el noviciado. Allí sí sería posible aquella vida campestre que Santa Rufina no permitía. Las novicias iban a disfrutar de aire, cielo y sol en abundancia. La amplitud del lugar era lo que mejor cuadraba con los deseos de la Fundadora.

La propiedad de la Villa Lante se extendía poco más o menos por toda la colina del Gianícolo. Llegaba desde San Pietro in Montorio, donde hoy está la Academia Española de Bellas Artes, hasta la iglesia de San Onofre, que se asoma al Vaticano en el extremo opuesto. Muy cerca de allí estaba y está la encina bajo la que solía sentarse Torcuato Tasso para escribir su *Jerusalén liberada* y para esperar pacientemente, como él decía, «el momento de ser llamado a la otra Jerusalén».

Hoy la finca que rodea la Villa Lante es mucho más reducida y es mitad huerta y mitad jardín. Los cultivos de hortalizas caseras trepan escalonándose en la ladera. En la parte más alta está el célebre «villino», un palacete que parece vigilar sobre Roma como si fuese una atalaya. En él tiene su sede la Academia de Finlandia. Otro buen vecino es el Faro del Gianícolo, un personaje importante en la noche de Roma. Desde cualquier extremo de la ciudad puede verse el haz de luz blanca, roja y verde, los colores de la bandera italiana.

El parque de la Villa llegaba hasta la altiplanicie del Gianícolo y descendía por la pendiente opuesta de la colina. Desde allí, la cúpula de San Pedro parece tocarse con las manos. Más de una vez las religiosas y la Madre Barat recibieron en aquella colina la bendición papal *Urbi et Orbi*. La figura blanca del Papa se divisaba netamente al aparecer en la *loggia* central de la Basílica.

En la explanada que corona el Gianícolo, los tiempos vinieron a instalar un huésped molesto. Garibaldi tuvo mucho que ver con la Villa. Cuando la revolución liberal profanó las puertas de Roma, la marea llegó pronto a la falda de Gianicolo. Garibaldi se presentó a las puertas del convento para dirigir la operación de saqueo. Se obligó a las monjas de la Villa y a las de Santa Rufina a salir de la casa y en carretas las llevaron a la Trinità. Mientras las tres comunidades pasaban juntas las horas de sobresalto, las dos casas del Trastevere sufrían los efectos del pillaje y los soldados preparaban en la Villa Lante las trincheras y barricadas para la lucha. El jefe de una patrulla estaba admirado de la serenidad y fortaleza de aquellas mujeres. «Jamás he visto mujeres como éstas —decía—; tienen el temple de un dragón».

Esto ocurría en el otoño de 1848. La estatua ecuestre de Garibaldi señorea la colina y facilita esta molesta evocación. También la de su sobrina Anita recorta su figura audaz, pistola en mano y a caballo, sobre la cúpula de San Pedro. Es un triste y simbólico recuerdo.

Desde la balconada del Gianícolo se ve a lo lejos la silueta de la Trinità. El papa Gregorio XVI decía que la Villa y la Trinità son «los dos baluartes que tiene en

Roma el Sagrado Corazón y se miran frente a frente». Es algo así como un arco imaginario y gigantesco que el Sagrado Corazón lanza sobre Roma, desde la cima del Pincio a la del Gianícolo, para cobijarla.

Desde lo alto de la Villa, la Madre Barat podía contemplar Roma. El cauce del Tíber, que se cimbrea entre las colinas buscando su desembocadura en Ostia. Las cúpulas y los campaniles innumerables; las ruinas descarnadas de los palacios imperiales, la cúpula del Panteón, la adorable silueta del Salvador, que corona la fachada de San Juan de Letrán y se perfila sobre el cielo rodeado de los apóstoles. La incomparable hondonada de los «foros», donde estaba el kilómetro cero del gran Imperio. A la izquierda, San Pedro del Vaticano, el punto de confluencia hoy de todos los caminos del mundo. Y en la lejanía, los olivos y las viñas de la campiña romana, las apacibles soledades de Horacio y Virgilio y la suave cordillera de los montes Albanos, que cierra el horizonte. Toda la Roma eterna se domina y se disfruta desde la Villa Lante.

Pero la vida de la Madre Barat en esta casa no fue, ni mucho menos, una apacible y entusiasmada contemplación.

El noviciado disfrutó poco tiempo de las delicias campestres. El año 1837 fue próspero en calamidades: lluvias torrenciales y heladas en los campos. En muchas ciudades de Francia y de Italia, conatos de revoluciones. Una epidemia de cólera descargaba en el mes de julio, en Nápoles. La Madre Barat vivía la inquietud de sus múltiples comunidades repartidas por esos mundos. La epidemia avanzaba con prisa sobre Roma. Y en Roma encontró un aliado de primer orden en la miseria del Trastevere. Santa Rufina se convirtió en refugio popular y recogió a muchos niños que quedaron huérfanos.

Pero el cólera no se dio por satisfecho en el Trastevere, saltó al otro lado del río, cundió por la ciudad entera y llegó a la altura de la Trinità. Seis religiosas murieron en una semana durante la octava de la Asunción. Cuando la Madre Barat subió para visitar a la comunidad que ella creía sana y salva, el espectáculo que se ofrecía a sus ojos era desolador. Entre las niñas del internado también había víctimas. Cada nombre era un mazazo sobre su corazón.

El 28 de septiembre escribía desde la Villa: «Ahora que el azote ha saltado las barreras que le habían impedido penetrar en las filas de la Sociedad, al menos en Europa, tiemblo por todas las comunidades puestas a su alcance. Mi agonía será larga por lo que parece, pues esta horrible enfermedad se mete por todas partes y hace fracasar todas las previsiones».

Pronto empezaron a llegar las temidas noticias. De París, de Metz, de Aix, de muchos rincones queridos. El cólera hacía bajas en las comunidades, y en todas partes sus hijas esperaban y aceptaban la muerte con sorprendente serenidad. La Madre Barat comparaba su aflicción a la de Job y decía también que «cada correo era mensajero de una nueva desgracia».

El cólera pasó. Pero no se acabaron con él las tribulaciones. El Sagrado Corazón era ya un tronco firme y frondoso, pero el huracán de la revolución lo sacudió con fuerza y pasó por el trance de perder muchas hojas.

Las últimas fundaciones llevaron al Instituto a nuevas latitudes. Desde la apertura de la primera casa en Canadá, en 1842, la Sociedad dio un paso gigantesco para pisar las costas de Africa. La primera comunidad de cinco religiosas se estableció en Argel en noviembre de 1843. Al año siguiente, la Fundadora se hacía a la mar para visitar las tres casas de Inglaterra abiertas en un espacio muy corto.

A principios de 1846, España. Sarriá, cerca de Barcelona, recibe la primera embajada del Sagrado Corazón. En 1859, el Duque de Pastrana regala una finca en Chamartín, a las afueras de Madrid, para que se establezca allí el Sagrado Corazón. Unos años antes, la Madre Barat había comprado un viejo monasterio en Marmoutier, cerca de Tours, en aquellas soledades que San Martín santificó con sus penitencias. Holanda también solicitó un grupo de religiosas y le cedió su primer acomodo en Blumenthal. En la lejana América se abrían continuamente nuevos campos a la labor del Instituto. En el 53 llegó a Santiago de Chile, y en el 57, a Cuba.

La revolución de 1830 en Francia trajo consigo todo un cortejo de revueltas en Europa. Se diría que aquel fogonazo era la señal que esperaban los liberales del continente para ponerse en pie de guerra. Dos son los rasgos más acusados del espíritu revolucionario. El liberalismo: la Iglesia y la Monarquía sufren los ataques más feroces promovidos por las logias masónicas y los filósofos librepensadores. Junto al liberalismo, un sentimiento patriótico enardece los anhelos nacionalistas y aboca a una lucha tenaz por sacudir presencias extranjeras del territorio patrio. Las convulsiones políticas se suceden en toda Europa como una traca funesta que afecta seriamente a todos los países y culmina en la gran crisis de 1848.

También esta vez, el primer disparo se oye en París. Luis Felipe de Orleans había caído en febrero y con él acaba en Francia la vieja historia de la Monarquía. La Segunda República durará tres años. Y las consecuencias de esta crisis repercuten pronto en las congregaciones religiosas. El Sagrado Corazón no escapa a la ley general. Al contrario, su estrecha vinculación con la Compañía de Jesús la hace particularmente odiosa a los ojos de los liberales.

Las casas de Suiza abren la serie de expulsiones. El liberalismo se había apoderado de esos cantones tradicionalmente tan pacíficos y hubo que dejar la casa-noviciado de Montet.

El rey de Prusia había dicho expresamente que no quería «jesuitesas» en sus territorios. En Austria, algunas casas pasaron momentos de angustia. En Lemberg, por ejemplo, la turba vociferaba delante del colegio. En París, los insurrectos acampaban en el parque del Hotel Biron. Las noticias de religiosas proscritas, de casas en peligro, se sucedían y se cruzaban en las manos de la Madre Barat con las noticias de nuevas fundaciones por todo el continente americano. Brotes nuevos sustituían a las ramas cortadas. La savia del tronco no podía estar en reposo. Tenía que vigorizar nuevos retoños.

En pocas ocasiones reveló la Madre Barat el temple de su alma como en ésta. A sus novicias de Conflans, aterradas por la proximidad de la expulsión, les decía: «De momento, nada hay que temer y el futuro dejémoslo todo en manos de Dios. Si se nos expulsa de Francia, el Corazón de Nuestro Señor es muy grande y toda la tierra es nuestra. ¿No tenemos por delante toda América, Birmania y la misma China?».

La gran prueba que se abatía sobre la Sociedad encontraba a Magdalena Sofía en la actitud de siempre. Serenidad absoluta apoyada en su inmutable confianza en Dios. Y entrega total a sus hijas. A todas partes llegaban sus cartas y sus mensajes sembrando a manos llenas el consuelo, el ánimo y la esperanza.

Cuando ya no se oía en Europa el ruido de las revoluciones y de las armas, el fuego prendió en América del Norte. Los Estados Unidos entraban en la gran crisis de su historia con la guerra de Secesión.

Las casas de Saint Michel, Natchitoches y Gran Coteau estaban en pleno escenario de las hostilidades.

El comportamiento de las religiosas ayudando a todos les valió el respeto y la admiración general.

Todas estas circunstancias ponían sombras de cruz en los últimos años de la Madre Barat. Ella sabía el valor del sufrimiento. «No podemos entrar en el Corazón de Jesús por otro camino que el de la cruz», había escrito. Y la más pesada para la Sociedad en aquellas fechas le tocó cargarla en Italia. En ningún otro país fue la revolución del 48 tan virulenta. Se iniciaba el *risorgimento*. El país era poco menos que un mosaico de poderes y de dialectos. No existía la unidad nacional pero empezaba su violenta gestación. El espíritu liberal rezumaba descaradamente en los escritos de Gioberti y de Mazzini. El antijesuitismo era rabioso. En la política se perfilaba la hegemonía de Cavour, el estadista que guardaba las espaldas a Víctor Manuel II. Sólo faltaba el «genio» militar de Garibaldi para que el *risorgimento* se lanzase a la calle.

La unidad nacional italiana chocaba principalmente con la presencia de la dominación austríaca en parte del territorio. Las primeras batallas políticas y militares se encargaron de borrar esta huella extranjera de la península. Pero en el centro de Italia, desde las «Marcas», en el Adriático, hasta las costas del Tirreno, en el Lacio, se extendían los Estados Pontificios. En ellos el Papa era no sólo Vicario de Cristo, sino un auténtico soberano temporal.

Los Estados Pontificios habían surgido en la primera antigüedad cristiana por acumulación de donaciones de emperadores y fieles a la Iglesia. Con el pasar del tiempo, territorios y donaciones recibieron el nombre de Patrimonio de San Pedro. Los donantes entendían que el Papa recibía estos legados en nombre del Apóstol y para bien de la Iglesia.

Cuando Europa empezó a cobrar aliento bajo el impulso creador de Carlomagno, la alianza entre el Pontificado y el Imperio trajo la ampliación del Patrimonio con nuevos territorios y la estructuración jurídica del reino temporal de los Papas: nacieron los Estados Pontificios. A partir de entonces, Roma no sólo será cabeza de la cristiandad, sino también una de las potencias más activas de Europa. Junto a la arrogancia de las repúblicas independientes de Florencia, Venecia, de los reinos de Nápoles o de Sicilia, los Estados Pontificios sabrán mantener bien alto su estandarte. Pero el movimiento nacionalista que pretende la unificación política de Italia mira la autoridad temporal del Papa y los mismos Estados Pontificios como un obstáculo a sus planes.

Pío IX, sucesor de Gregorio XVI en 1846, se dio cuenta muy pronto de la tormenta que se le venía encima. Creyó oportuno «liberalizar» en cierto sentido las instituciones temporales de sus Estados y sus medidas encontraron el más cálido aplauso. Los sectarios intentaron sacar partido de la situación y explotaron ante la opinión pública el mito del «Papa liberal». El Papa no era hostil a la idea de la unidad nacional, aunque difería de los radicales en su concepción. Sus partidarios propugnaban un «régimen federal» en el que el Pontífice conservase su soberanía temporal. Para los animadores del *risorgimento*, la unidad se basaba en un solo y único poder central y veían en el Papa un enemigo de la idea nacionalista.

Bien pronto se convenció Pío IX de que sus medidas liberales no arreglaban la situación. Roma empezó a ser escenario de tumultos y revueltas. En mayo de 1848, la turba gritaba por las calles de la Ciudad Eterna: «¡Muera Cristo y viva Barrabás!».

La revolución rodaba cuesta abajo. El primer ministro del Gobierno pontificio caía apuñalado en las escaleras de la Cancillería. El palacio del Quirinal, residencia del Papa, fue cercado y tiroteado. El Papa tuvo que huir de sus territorios y refugiarse en Gaeta. La triste historia de la expoliación del Patrimonio de

San Pedro terminó con la batalla de Castelfidardo y con la violación de Roma por las fuerzas de Garibaldi ante la simbólica defensa de la «Porta Pia» por los guardias pontificios.

Entonces fue cuando las salpicaduras de la revolución llegaron hasta la Villa Lante, y la saquearon las tropas de Garibaldi. La Madre Barat no vio los episodios que pusieron fin al *risorgimento* pero sí siguió con dolor los males que afligieron al Papa y a la Iglesia. Durante su última estancia en Roma —de noviembre 1850 a junio 1851—, escribía desde Villa Lante: «En mis largas horas de insomnio repaso los males sin cuento que afligen a la Iglesia».

También a la Sociedad del Sagrado Corazón le tocó una buena parte de sufrimiento. A lo largo de toda la geografía italiana se repetían los hechos que habían ocurrido en Francia, en Austria y en Suiza. Muchas casas tuvieron que cerrar sus puertas y ver la dispersión de las comunidades.

La marea revolucionaria seguía imparable de Norte a Sur, arrasando todo a su paso. Turín fue la primera ciudad en expulsar al Sagrado Corazón en 1847. Luego, siguieron su ejemplo las poblaciones piamontesas de Pignerol y Saluces. Al año siguiente, le tocó el turno a las casas de Parma y de Génova. Milán, que en un principio respetó a la Sociedad, terminó por proscribirla. La batalla de Castelfidardo obligó a abandonar la casa de Loreto. Y aun en el camino hacia Roma, la revolución dispersaría las comunidades de Perugia y San Elpidio.

Sólo entre el año 85 y 86, el *risorgimento* arrebató diez casas al Instituto. Se perdía la labor de muchos años de esfuerzos por poner en marcha cada una de las fundaciones. Por contra, en América crecía la semilla y se perfilaba una cosecha espléndida. A pesar de todo, el zarpazo no podía menos de doler a la Madre Barat. En las Actas del Proceso de su Beatificación se lee: «La historia de estos años bastaría para demostrar el heroísmo de sus virtudes». Todos los oleajes se estrellaron contra la serenidad y la potencia espiritual de su alma.

En una de las pausas de la campaña del *risorgimento*, cuando el Papa estaba de nuevo en Roma de vuelta de Gaeta, la Villa fue escenario de una conmemoración jubilosa para el Instituto: la Sociedad del Sagrado Corazón cumplía sus cincuenta años de vida.

Aquella escena de la pensión de Mlle. Duval en la calle Touraine quedaba muy lejos. Los orígenes no habían podido ser más humildes. Ahora, al medio siglo de existencia, la estatura y la dimensión de la obra de Magdalena Sofía parecían gigantescas.

Llegó la Fundadora a Roma para asistir a la fiesta. Se celebra en Villa Lante, que tiene aún recientes las huellas del paso de Garibaldi. Será la última vez que la Madre Barat pise la Ciudad Eterna.

A la comunidad reunida le dedica una de sus habituales conferencias vespertinas. Con la misma dulzura de siempre repasa ante sus hijas la historia apasionante de su vida al servicio del Sagrado Corazón. Les presenta a El como único y verdadero Fundador. A El hay que mirar para vivir el auténtico espíritu de la obra. Y con apacible humildad habla de lo poco que ella vale como instrumento de Dios y de lo mucho que está llamado a realizar el Instituto si se deja manejar por su «Fundador» el Sagrado Corazón. La fiesta será, una fiesta de acción de gracias. Es preciso glorificar al Señor, que ha demostrado su predilección por el Instituto reservándole la bendición de la fecundidad y distinguiéndolo con el regalo del sufrimiento.

Este tenía que ser el sentido de la fiesta, según sus planes. Pero las religiosas se encargaron de que algunas chispas de aquella acción de gracias le tocasen a ella. Fue un homenaje espontáneo y cordial a la Madre. Cada día pesaba más en el corazón de todas la conciencia de su maternidad espiritual. Su venerable ancianidad hacía entrañablemente querida y respetada su figura.

Para la Madre Barat, la hora de las alabanzas no era su preferida. Aquel día le tocó sufrir con la buena voluntad de cuantos se acercaron a la Villa Lante a manifestarle su admiración o darle la enhorabuena por el Jubileo.

El Padre Roothan, Superior General de la Compañía de Jesús, celebró la misa matinal y dedicó unas sentidas palabras a trazar la trayectoria espiritual de la Fundadora y la misión del Instituto en la sociedad. Cuando terminó la ceremonia religiosa, quiso hacer un cumplido a la Madre Barat en presencia de un grupo de religiosas: «Madre, es el único caso, en la historia de la Iglesia, de una orden religiosa que haya conservado por tanto tiempo a su fundador o fundadora». Ante aquella galantería, la Madre Barat contestó un tanto turbada: «Eso no dice mucho en mi favor. Lo único que prueba es que ninguno de ellos se ha cuidado tanto como yo».

El día transcurrió en la evocación de los tiempos primitivos y el recuerdo para las compañeras de la hora primera, las que abrieron los primeros surcos en la labor del Instituto. Muchas habían ya coronado sus esfuerzos con la muerte.

Por la tarde, en la función eucarística, predicó un ilustre y elocuente canónigo. La Madre Barat asistía al acto desde una pequeña tribuna que se conserva todavía en la iglesia neogótica de la Villa. El buen predicador se creyó en la obligación de tejer un cálido elogio a la Fundadora y lo hizo con todo el entusiasmo que le inspiraba su admiración por aquella venerable religiosa. Pero la Madre Barat no tuvo paciencia para soportar el panegírico. Cautelosamente salió de la tribuna y se fue al encuentro de la Madre De Limminghe para preguntarle el nombre del predicador y para rogarle que nunca más le invitase a predicar.

La última estancia de la Madre Barat dejó el perfume de otra anécdota. Una crisis de su vieja enfermedad pulmonar y una dolencia en el pie, que casi le impedía andar, la tenían retenida en su cuarto. En el piso superior, una novicia, también en cama, consumía en el silencio largas horas de soledad. La Madre Barat quiso subir a consolarla. Sus fuerzas apenas se lo permitían. Pero pensó que valía la pena el esfuerzo. Subió de rodillas la escalera y, medio arrastrándose, se presentó en la habitación de la novicia...

Hay muchos recuerdos emotivos de su paso en Villa Lante. Todos amorosamente conservados. En la casa y en el jardín, en las escaleras y en los muebles que ella usó, se encuentran pequeñas inscripciones que evocan su presencia.

Y hay muchas lápidas también en la Villa. Casi todas recuerdan, con ese estilo rotundo y decisivo que sólo se cultiva en Roma, las visitas que los Papas hicieron a esa casa. Dos veces estuvo Gregorio XVI a testimoniar su cariño al Sagrado Corazón y nada menos que nueve visitas de Pío IX reseña el diario de la casa. También la cercana y pobre escuela de Santa Rufina se alegró con la presencia de este venerable Pontífice que llevaba en su rostro las huellas de los sufrimientos soportados por la Iglesia.

La Madre Barat tenía, más que ilusión, urgencia por atar un cabo suelto que quedaba en su obra. La decisión pontificia que zanjó en 1843 la crisis de reforma del Instituto había excluido en bloque todos los Decretos del Capítulo de Roma. La sentencia volvía a la Sociedad al cauce de sus antiguos Estatutos. Entonces no era el momento de discutir, sino de aceptar plenamente y de recomponer la unidad amenazada. Con todo, había ciertos puntos que, pasados algunos años, era necesario retocar. No se trataba de una transformación radical, sólo de una acomodación a las circunstancias de dilatación y amplitud del gobierno de la Sociedad.

La Madre Barat sometió humildemente al Papa su petición en la última audiencia que tuvo con él antes de abandonar definitivamente Roma. Se trataba del nombramiento de provinciales o vicarias para regir cada provincia, de la renovación del Consejo elector de la Superiora General y de que se permitiese nombrar secretamente una Vicaria General que tomase las riendas del Instituto a la muerte de la Superiora General y mientras se procedía a una nueva elección.

El Papa quiso darle una nueva muestra de su benevolencia, y en mayo de 1851 le envió una respuesta afirmativa.

En el mes de junio de ese mismo año, dejaba la Madre Barat para siempre su querido Trastevere y la ciudad de Roma. Se dirigía a París, pero en el camino haría un alto para celebrar en la Ferrandière, cerca de Lyon, el séptimo Capítulo General del Instituto. Se reanudaba así el interrumpido por la intervención del arzobispo de París. Se promulgarían las modificaciones autorizadas por el Papa y se rechazaría la dimisión que la Fundadora presentó con toda humildad, convencida de que su labor estaba ya concluida.

CONFLANS

La gran aventura espiritual de Magdalena Sofía había empezado en París. Y en París terminará su historia. Quedan muy lejos las fechas de su primer arribo a la ciudad desde la campiña de Joigny, cuando en la calle Touraine vive bajo la rigurosa tutela de su hermano Luis. Lejos también el primer encuentro con el Padre Varin, que imprime un rumbo definitivo a su vida; los primeros escarceos en el ideal religioso, las compañeras de la hora primera, los compromisos iniciales con algo que empezaba a ser una Sociedad de vida espiritual y apostólica.

Cuando Sofía sale de París y emprende su viaje a Amiens, no lleva otra cosa que sus manos vacías. Es como el labrador que sale al campo con sólo los aperos de labranza para empezar la faena. Para ella, esta salida es el principio de una larga y fatigosa peregrinación fundacional que va a ocupar su vida entera. Cuando muchos años después vuelve a París para agotar sus últimos días, trae las manos cargadas de fruto, como el campesino que vuelve a casa con las gavillas de una abundante cosecha.

Llega la hora del reposo. Más de ochenta fundaciones justifican el descanso, aunque es cierto que la inacción nunca entró en los planes de la Madre Barat. Incluso cuando ya camina inclinada como el labrador tras la fatiga del campo, sigue trabajando. Si París fue el primer surco de la semilla, París será también el granero que atesore la cosecha.

Los últimos capítulos de la vida de Magdalena Sofía Barat en París están ligados al nombre y recuerdo de Conflans. Una finca donde encontró refugio en las perturbaciones del año 30.

Desde hacía dos siglos, la finca pertenecía al Arzobispado de París. Antes, finca y castillo pertenecieron a grandes señores e incluso a reyes. Situada fuera de la ciudad, en la confluencia del Sena y el Marne, Conflans fue escenario habitual de cacerías y fiestas campestres. Hoy ha dejado de ser una colina campestre y es un típico barrio de la *banlieue* de París. Destartalado, sucio, grandote y laborioso, donde reina una actividad febril.

La antigua propiedad arzobispal que acogió al noviciado del Sagrado Corazón se encuentra hoy fraccionada. Tras una puerta de noble empaque y al fondo de una avenida de castaños, hay unas casas de viejo sabor donde se oyen los ruidos de las industrias. Más allá, bloques de viviendas. Tras un alto recinto está el Seminaro Menor de la diócesis de París. Ocupa el edificio y lugar del noviciado del Sagrado Corazón. Pocos recuerdos de entonces quedan en Conflans, donde todo ha sido remozado.

En la puerta de la capilla del seminario están grabados los dos corazones simbólicos de la Sociedad, y en el interior, la Santa Madre Barat tiene un altar y una moderna vidriera que perpetúa la memoria de su presencia entre esos muros. Sobre el frontis de la puerta hay una inscripción que encierra un sugestivo mensaje: *Spes messis in semine*. «La esperanza de la cosecha está en la simiente». La frase podía haberla puesto la Madre Barat, que muchas veces había dicho a sus religiosas: «el noviciado es como el molino de la Sociedad».

Conflans es el lugar donde la Fundadora fue agotando su madurez en un apacible crepúsculo. Este lugar la atraía especialmente. Cuando lo adquirió en 1842 para trasladar allí el noviciado de la Rue

Monsieur, dijo con extraño convencimiento: «Conflans será el lugar de mi reposo».

Los años últimos de su vida los repartió entre el Hotel Biron y la calma de Conflans. De aquí se iba siempre con añoranza. Sofía llamaba «su Betania» a este noviciado y regresaba a él muy a gusto tras sus idas y venidas en los últimos viajes fundacionales. Otras veces le llamaba «isla afortunada» y alguna vez lo comparó con el arca a la que volvía la paloma después de sus vuelos.

En noviembre de 1858, la casa madre de la Sociedad se instaló definitivamente al fondo del parque del Hotel Biron. Allí vino desde la rue St. Jacques. El antiguo convento de las *Feuillantines*, donde la casa madre estuvo sólo cuatro años, pues los planes urbanísticos le obligaron a levantar el vuelo. Los asuntos del Instituto reclamaban la presencia de la Madre Barat en el Hotel Biron, pero tan pronto como podía regresaba a Conflans, donde estaba su querida Madre De Charbonnell, casi ciega, y donde se encontraba a sus anchas entre las novicias, que dirigía la Madre Goetz.

Allí, en Conflans, había quedado fuerte memoria de un hecho ocurrido en 1847 y que la Madre Barat protagonizó con su habitual sencillez.

Se encontraba enferma de mucha gravedad una novicia, la Hermana De Monestrol. Había sufrido en una caída fuertes golpes en la cabeza. Su situación era desesperada. Los médicos no disimulaban su pesimismo. En un momento en que se hallaba en plena lucidez, la Madre Barat se acercó a hablar con ella. Luego hizo la señal de la cruz sobre su frente. La novicia aseguraba que desde ese momento notó su mejoría. Los médicos no salían de su asombro. Alguno habló abiertamente de milagro. La Madre Barat se replegaba en una discreta sencillez y lo atribuía todo a la Providencia.

Pero no es únicamente este suceso extraordinario lo que explica su inmenso prestigio entre las novicias. Es, ante todo, su serena y apacible santidad y el intenso magisterio que ejerce entre ellas. Un magisterio vivo, incesante, como el de aquella época de su estancia en los Feuillants de Poitiers. A la Madre Barat le gusta el trato directo en el que las almas se moldean.

Una vez, ante la sugerencia de que escribiese sus experiencias interiores, había dicho: «dejemos obras y no escritos. La gente no tendrá tiempo de leer nuestras cosas». Prefería el magisterio oral. Ese contacto tan cálido del espíritu que se logra a través de las palabras. De ahí sus continuas conversaciones y sus famosas conferencias en todas las casas que visitaba.

A pesar de su preferencia por el magisterio oral, es curioso constatar que el proceso de beatificación examinó más de catorce mil cartas. Casi puede decirse que murió escribiendo. Su correspondencia es la que nos lleva de la mano a través de su propia historia. Sobre sus hombros echó la pesada tarea de escribir sin pausa ni reposo. Este es uno de los aspectos más luminosos de su «maternidad» espiritual en la obra del Sagrado Corazón.

Gracias a sus infinitas cartas logró una casi omnipresencia espiritual entre sus hijas. Las cartas son el complemento de sus viajes. En ellas, el consejo, la suave corrección, la broma entrañable. La Madre Barat sabe que no basta dejar una casa en marcha. Después hay que fortalecer, mimar, corregir, consolidar. Por eso sus cartas vuelan constantemente a todas las comunidades.

La doctrina de Santa Magdalena Sofía late en sus cartas y son la cátedra viva de su magisterio interior. No quiso dejar otra cosa y se cuidó muy mucho de que la Madre De Limmenghe quemara todos sus «papeles».

Todas sus lecciones espirituales están sembradas a voleo entre las líneas de sus cartas. Es toda una pura y simple enseñanza. Y no sólo para su Instituto, sino también para los que viven de su espiritualidad. «Su enseñanza, a la vez elevada y sencilla, menos doctrinal que práctica, tiene derecho a hacerse escuchar incluso fuera de su misma familia religiosa», escribe el Padre Brou, que ha estudiado los rasgos de su fisonomía espiritual.

Su doctrina es bien simple, con esa fácil simplicidad de las obras maestras que parecen hechas sin esfuerzo, cuando en realidad son fruto de una larga tensión creadora. En tres frases resume Mons. Baunard las lecciones espirituales de la Santa: «Olvido de sí, amor de Dios y celo por las almas». Son el eco de lo que ella misma escribió un día: «En toda obra importante, que la gloria sea para Dios, la utilidad para el prójimo y la fatiga para nosotros».

Se escribe y se lee muy pronto, pero es todo un programa de vida. Cada santo tiene el suyo. La santidad corre por muchos caminos; todos son distintos, pero todos llevan a Dios. Analizar la santidad es difícil. Es algo tan sutil que escapa al tacto humano. Es quizá como el alma, que no está en ninguna parte concreta del cuerpo, y sin embargo está presente en todo él, vivificándolo.

Si en el perfil de Santa Magdalena Sofía hay algún rasgo acusado, es el armonioso equilibrio de su persona y la absoluta normalidad de su vida y sus virtudes. No se puede frecuentar la lectura de sus cartas, ni discurrir entre los episodios de su vida sin quedar prendado en el encanto de esa deliciosa simplicidad. Dios guió sus pasos por el camino de la fiel y confiada entrega al deber. Nada de espectacular. Santidad menos aparatosa será difícil encontrarla.

Esta preciosa normalidad que empapa su vida aparece mil y mil veces en sus cartas y conferencias. Comentando un día las experiencias espirituales de Santa Magdalena de Pazzis, les hacía ver a sus religiosas cómo todo aquello era admirable, pero no entraba en el ideal de su vida. La religiosa del Sagrado Corazón debe ser contemplativa, es cierto, pero para verterse después en la acción. Por eso recomendaba: «Esto (los éxtasis) no es lo que deseo para ustedes. ¿Cómo irían entonces a las clases, las vigilancias, los barridos y los demás trabajos? El verdadero éxtasis es el que nos hace salir de nosotras mismas y olvidarnos».

La espiritualidad que quería infundir llevaba la etiqueta de una profunda novedad. La fórmula de vida religiosa mixta no era común, ni apenas conocida. Después se haría habitual en las congregaciones modernas.

Admira el sentido de la realidad con el que entendía el ideal religioso: «No se olvide que muchas veces una sonrisa es más meritoria que media hora de meditación», afirmó un día.

Frases como ésta, de las que suenan a pies bien asentados en la tierra, son abundantes en sus cartas. Su misma actuación como fundadora y superiora general está inspirada en un notable sentido realista. «Yo no estoy para acariciar sus heridas, sino para curarlas».

Bernoville destaca en la personalidad de la Santa su «autoridad sonriente» como un rasgo más de su apacible equilibrio espiritual. En su larga permanencia en los Feuillants de Poitiers decía a las novicias: «Sirvan al Señor con alegría. Que no haya tristeza entre ustedes, porque esto deshonra el servicio del Señor».

Pero nada más equivocado que creer que su serenidad era manifestación de un temperamento apático. Los santos adquieren la calma del espíritu en sus largas horas de oración. Sólo el vivir hacia dentro, conscientes de la propia interioridad, puede serenar el espíritu y transformarlo en un lago de superficie serena y apacible.

La Madre Barat, a pesar de sus ajetreos interminables en viajes y fundaciones, vivía habitualmente en su interior. La oración larga y reposada era el secreto de su raro equilibrio. Resulta hasta difícil, si no fuese una confesión que lleva —como todo lo suyo— la marca de la sencillez, creer que pudiera llevar una vida de oración tan intensa. Pero ella misma es quien lo certifica: «A pesar de lo que tengo que hacer a diario, logro conseguir seis o siete horas de oración». Claro que no podrán ser horas de una absoluta y completa contemplación. Pero la interioridad era el clima habitual de su alma. Las manos estarán donde estén, pero el afecto puede muy bien estar fijo en Dios. De ahí su consejo: «Volvamos en seguida con el pensamiento a Nuestro Señor, como el pez al que se saca del agua, que tan pronto como la ve, de nuevo se precipita en ella».

Monseñor Baunard pudo decir que la obra de la Madre Barat fue, ante todo, una «obra de oración». En una ocasión, una Hermana tenía que avisarle para que bajase a la portería. Se acercó a ella. No quería interrumpir su oración y esperó. Pero pasaba el tiempo y la Superiora permanecía profundamente recogida. Por fin, aprovechando que la Madre se movió ligeramente, le dijo:

—Madre, ¿ha terminado?

La Madre le contestó sonriente:

—Usted sabe, Hermana, que nunca termino.

E inmediatamente salió de la capilla para atender a quien la esperaba. Según ella, dejar a Dios para atender a las necesidades de los hombres no era ni siquiera interrumpir la oración. Solía decir: «Hay que dejar a Dios por Dios».

Junto con su oración ininterrumpida hay algo más que explica esa serenidad tan característica de la Madre Barat. Y es el espíritu de sacrificio. No podía ser de otra manera. Oración y sacrificio son inseparables.

Podría parecer que la santidad tan sonriente de la Madre Barat era el fruto de una virtud practicada sin esfuerzo. Los santos engañan fácilmente. Guardan las austeridades para sí mismos y aparecen ante los demás como si todo en su vida fuese natural. Muestran el fruto maduro y sazonado de su santidad, pero ocultan todo el esfuerzo y el rigor que lo han hecho posible.

En el informe sobre la heroicidad de sus virtudes hay una frase desconcertante. Dice así: *Flagellis usque ad effusionem sanguinis se caedebat. Horribili modo sese excruciabat.* Nadie hubiera sido capaz de descubrir bajo su dulzura semejante austeridad. Y, sin embargo, bien claro está en su vida entera, tan confiada siempre y tan abundante en tribulaciones, que la Madre Barat llevó su fortaleza a un grado heroico. La huella espiritual de su hermano Luis se grabó muy honda en su alma. Luego, el Padre Varin, con mano suave, la dirigió por los caminos de la fortaleza interior. *Esto vir*, le escribió en la crisis de Amiens. Ahora no lo diríamos así, pero es indudable que la austeridad, la fortaleza, el aguante, estaban en su vida y quiso inculcarlos también en sus hijas. «Sean cristianas, les decía, sean apóstoles, sean hombres, y renuncien a todas las debilidades femeninas».

La vida religiosa fue para ella una viva y continuada renuncia. Sólo a ese precio pudo lograr aquel sereno dominio que tanto llamaba la atención. A las novicias solía insistirles en esa actitud de generosidad que inclina a ir despegándose de todo. «No les quitarán nada, pero lo darán todo», les decía muchas veces.

En la escuela de oración a la que era tan asidua y en los rigores de la penitencia, aprendió Magdalena Sofía la lección de la humildad. La humildad es el perfume de la vida de los santos. La de la Madre Barat huele como las propias florecillas de San Francisco. Quien haya frecuentado «su amistad espiritual», esa amistad que se forja en la lectura de los santos y en la reflexión sobre su virtud, ha podido notar que, si hay algo que sobresale en el equilibrio de sus perfecciones, es precisamente la humildad. Para ella, es la virtud primordial. En su doctrina queda bien claro: «la humildad es el primero, el segundo y el tercer paso de la santidad».

En Santa Magdalena Sofía, la lección elocuente de verdad es la de su propia vida. Impresiona su humildad. Le impresionó a aquella muchacha que aspiraba a entrar en el noviciado del Sagrado Corazón y que quedó decepcionada por el lujo y la apariencia del Hotel Biron. Se acercaba a la vida religiosa con unos ideales de renuncia que no parecían posibles allí. ¿Estaría equivocada al elegir ese Instituto? La recibió la Madre Barat. Mejor dicho, sorprendió de improviso a la Madre Barat que zurcía un hábito lleno ya de remiendos. Sus dudas se disiparon.

Su espontánea humildad dio lugar a muchas anécdotas graciosas. Un día, un personaje de París vino a visitar a la Madre General y con gran sorpresa descubrió que era aquella monja que barría las escaleras de la entrada del convento. A la Madre le divirtió mucho su asombro. Desde entonces, cuenta ella misma, «cuando venían a hablarme, les preguntaba si era a la Madre General a quien buscaban y, en ese caso, escondía la escoba detrás de la espalda».

Si no mediase una humildad consumada, sería difícil explicar cómo logró, a pesar de su autoridad suprema en el Instituto, convertir toda su vida en un auténtico acto de servicio. Ni sería tampoco posible comprender su decisión de buscarse una «admonitora» a cuya obediencia se sometió voluntariamente. La Madre De Limminghe fue durante muchos años su «superiora» en aquello que concernía a su ámbito personal.

Otra cosa que llama la atención es la contextura de su santidad, el tono netamente teológico que le hace conservar aún hoy una jugosa modernidad. Uno de los estudiosos de su doctrina espiritual señala que el fuego, el agua viva y la sangre son los atributos místicos de Santa Magdalena Sofía, algo así como su heráldica espiritual. Es cierto. Toda su vida estuvo inflamada por el fuego del amor al Corazón de Jesús. Le gustaba particularmente el fuego. Hasta se consideraba un poco hija suya, debido al incendio que aceleró su nacimiento.

El agua viva de la Eucaristía fue su alimento más codiciado. Con ocasión de la marcha de Filipina Duchesne a América, algunas religiosas de Ste. Marie-d'en-Haut se lamentaban cariñosamente de su ausencia. La Madre Barat, que era la primera en el cariño a Filipina, les dijo: «bien está que echen de menos su presencia aquí, pero ¿es que la Madre Duchesne se ha llevado la llave del Sagrario?».

Y la sangre. El atributo del sufrimiento y la cruz. Y no le faltó a la Madre Barat la cruz como compañera de toda su vida.

Dentro del matiz claramente cristológico de su espiritualidad, no pueden faltar dos rasgos que son inseparables en la mística cristiana: el amor a la Iglesia y el celo universal por la salvación. El rumbo misionero que imprime a su Instituto, es suficiente para demostrar con sobrada elocuencia su ardor por la evangelización de las gentes. A la comunidad de Villa Lante le dice en una de sus Conferencias: «No digan: yo quiero salvarme, sino: yo quiero salvar al mundo. Es el único horizonte digno de un cristiano porque es el horizonte de la Caridad».

Su amor a la Iglesia está bien abonado por los dolores que le causaron las circunstancias que rodearon toda su vida. Desde la infancia vivió el clima de la Revolución y compartió las tribulaciones y las persecuciones que sufrió la Iglesia. Sus años de Roma y la proximidad del Santo Padre aguzaron en ella el auténtico sentido cristiano y la dimensión eclesial.

Y junto al amor de Cristo y a su Iglesia surge el amor a la liturgia, que es la vida misma del Salvador prolongada en el culto y en los sacramentos. La Madre Barat estuvo unida por una amistad entrañable con el gran benedictino promotor y patriarca del «movimiento litúrgico» Dom Guéranger. De él recibió el gusto por la liturgia hasta el punto de poder escribir: «la liturgia es mi pasión dominante».

¿Tuvo la Madre Barat gracias extraordinarias y dones especiales? Parece que en la vida de un santo tiene que ser así. No se concibe sin el cortejo de gracias místicas, milagros, carismas... Pero no consiste en eso la santidad. Lo que importa es esa santidad que no se ve y se esconde en los repliegues más íntimos del ser. La que se trasluce sin ruido y derrama a su alrededor «el buen olor de Jesucristo». No obstante, el Señor gusta de manifestarse a través de sus elegidos y realiza por sus manos obras que demuestran claramente su presencia.

No faltaron algunas de estas obras en la vida de la Madre Barat, aunque veladas por la inefable discreción que dominó todas sus cosas. Nada más lejos de su estilo que la santidad llamativa, los arrobos místicos y los milagros espectaculares. Sus hijas en la vida religiosa Aloisia Jouve y Josefa Menéndez vivieron en un camino donde lo extraordinario se convertía en el clima habitual. Ese no fue el suyo.

Quizá lo más llamativo que salió de sus manos fue la curación de aquella novicia en Conflans. Tanto los médicos como la misma enferma tenían la persuasión de que se trataba de un milagro. Pero la Madre Barat se sentía a disgusto cuando alguien iniciaba esa conversación.

Por otra parte, es evidente que Dios le concedió en determinadas circunstancias conocer cosas ocultas y futuras, y tuvo inspiraciones especiales en la oración, donde muchas veces perdió el sentido del tiempo, abismada en Dios.

Las religiosas estaban convencidas de que tenía el don de leer en sus almas. Más de una vez, las novicias de Conflans experimentaron que la Madre se adelantaba a sus preguntas y a sus interioridades como si alguien le hubiese informado de antemano.

No se conservan sus escritos íntimos. Quizá por ellos hubiésemos conocido algo más sobre sus experiencias interiores. Con todo, lo extraordinario es raro en su vida. En su interior Dios va moldeando su alma, y a la superficie aflora apenas lo imprescindible para que quede constancia de que Dios anda de por medio en su vida.

Ni siquiera sus últimos años en París y en Conflans tuvieron nada extraordinario. Parece que a Dios le gusta reservar la gloria para el final y descubrir a los ojos de los hombres los tesoros ocultos de los santos cuando se aproximan al fin de su carrera. Pero en la vida de la Madre Barat fue todo tan apacible y sereno como siempre. Se fue agotando con la suavidad de la tarde que muere en el crepúsculo. Sólo tenía que rematar su labor con una última puntada. Y el remate fue el Capítulo General que convocó y presidió en junio de 1864.

En la reunión, bajo la presidencia de su venerable ancianidad, se trataron asuntos de orden interno y se aprobó la creación de un «Juniorado» para la mejor formación de las religiosas en su aspecto cultural y pedagógico. Después de su formación en el noviciado, pasarían al juniorado para prepararse a la tarea educativa.

Cuando el Capítulo dio por terminados sus trabajos, la Madre Barat creyó que había llegado el momento de comunicar a las presentes su decisión de retirarse del gobierno. La renuncia fue escuchada en medio de una silenciosa emoción. La Fundadora pensaba encontrar sus mejores aliados en sus achaques y, sobre todo, en su avanzada edad. Tenía ochenta y cinco años. Su decisión fue cariñosamente rechazada por la Asamblea. Lo más que pudo conseguir fue el nombramiento de una vicaria General para colaborar con ella en los asuntos más delicados del Instituto. La Madre Goetz, superiora y Maestra de novicias de Conflans, asumió el cargo y fue la segunda Superiora General del Instituto a la muerte de la Fundadora.

Este Capítulo fue la última pincelada de la Santa en su obra. Nada le quedaba por hacer. El Instituto gozaba de una envidiable salud y extensión. Ochenta y nueve casas y más de tres mil quinientas religiosas había sembradas por el mundo. Además de su amplitud, la Sociedad del Sagrado Corazón podía estar segura de su firmeza. El armazón de las Constituciones era sólido, y su estilo espiritual, suficientemente claro. La obra estaba redonda y completa. Podía la Madre Barat mirar confiada a su fin y desearlo ardientemente como desea el reposo quien vuelve fatigado de la faena.

A las novicias de Conflans les decía: «¡Cuántos motivos para desear el cielo! No obstante, hagan cuanto puedan para llegar allí lo más tarde posible. Seamos como los buenos militares que se alegran cuando no sufren heridas en la batalla porque así pueden volver a la lucha al día siguiente».

La enfermedad, tan vieja compañera de su vida, se agudizó en el invierno de 1864 y la obligó a guardar cama en la casa madre, al fondo del Hotel Biron. La Madre Barat saboreaba ya, con la paz de siempre, la proximidad del fin. La crisis pareció atenuarse entrado el año 65 y la primavera trajo esperanzas sobre su salud. Parecía recobrarse por momentos.

Después de Pascua, la Madre intensificó su trabajo, que no había abandonado nunca del todo. Sus dos grandes amores, Jesús y las niñas, confluían en la próxima ceremonia de Primera Comunión, y quiso hablar a las pequeñas del hambre que tiene Dios de que nosotros lo comamos.

El domingo 21 de mayo entró gozosa en el recreo de la comunidad y les dijo: «¡el jueves nos vamos al cielo...!». Todas creyeron que era una de esas frases suyas que tanto marcaban su identificación con Cristo y sus misterios. Porque el jueves se celebraba la fiesta de la Ascensión.

El lunes, la Madre se levantó temprano como de costumbre. Su última carta tiene fecha del 22 de mayo. Va dirigida a la Madre Mayer y lleva esta postdata: «Pidan al Corazón de Jesús obreras para la Sociedad tales como nuestra vocación las exige: almas generosas que amen a Jesús Crucificado y que quieran con El salvar almas por la cruz». Estas palabras son su última consigna. Porque la Fundadora ya lo había advertido: «si Dios me oye, no diré nada en mi lecho de muerte». Y así fue. Una congestión cerebral la derribó al volver de Misa. Recibió la unción de los enfermos. No podía hablar, pero estaba consciente. Rodeada de veneración y de oraciones iba a ofrecer su último sacrificio. Allí, en aquella celda pequeña y pobre. Y con la humildad de siempre.

Para cerciorarse de que tenía conocimiento, uno de los médicos le dijo: «¿Querrá dar su bendición a la Madre Prevost? Levante el dedo si me oye». Al instante la Madre hizo el signo convenido. La Madre Goetz, a su vez, le pidió la bendición para todo el Instituto. La Madre levantó la mano con una espontaneidad conmovedora. El Dr. Bauchet le dijo también: «y a sus médicos, ¿no los bendice?». Pero la mano permaneció inmóvil. Una segunda tentativa sin resultado les convenció de su discernimiento y de su humildad.

La noche del 24 fue extremadamente dolorosa. En un momento de plena consciencia recibió la bendición del Papa, solicitada por telégrafo. El 25 era la fiesta de la Ascensión. La Madre Barat terminaría el día en el cielo.

Asistida por el Padre Gamard, rodeada de sus hijas, se extinguía aquella vida —siempre fuego— como se apaga la lámpara del santuario. Su llama se fundía en otra Llama, en la Hoguera de Amor infinito del Corazón de Dios.

Ocurrió la muerte a las once de la noche. El día no podía ser más hermoso. Como Cristo, una vez concluida su labor, ascendía a los brazos del Padre. Moría como mueren los santos, dejando tras de sí un intenso reguero de admiración y de amor.

La estancia donde murió pertenece hoy al Instituto Víctor Duruy, que ocupa el antiguo edificio de la casa madre. Es un despacho lleno de ficheros y papeletas académicas. Probablemente los que en él trabajan no saben que allí ocurrió una muerte preciosa: la muerte de una santa.

La Madre Barat, con su muerte, venía a enriquecer la singular historia de las que ya habían muerto en el Sagrado Corazón. Como si hubiese un estilo peculiar de morir dentro del Instituto...

En Amiens, la Madre Giraud recibía encargos de la comunidad para cumplirlos en el cielo. Cuando terminó de escuchar la lista se volvió a la Superiora y le dijo: «Madre, ¿puedo marcharme ya? En Lyon, la Madre Justina Salzac exclamaba: «¡Qué felicidad!», cuando supo que el frío que sentía era precursor de su muerte.

La Madre Bouchaud, superiora de Poitiers, había advertido de antemano: «Si me ven llorar, sepan que es únicamente de alegría». Una hermana pedía que le cantasen el Aleluya y otra quería morir cantando, pero, «como no sé, —decía—, al menos quiero hacerlo sonriendo».

La Madre Emma de Villefranche comentaba después de recibir la última Unción: «creía que el día de mi Primera Comunión era el más feliz. Me equivocaba. Ahora me doy cuenta de que es éste». Magdalena Prevost gritaba con las pocas fuerzas que le quedaban: «¡Viva la muerte!». En Metz, la Madre Lefebre había dicho unas palabras hondísimas, emocionantes por su serenidad: «La muerte de una religiosa es el salto de un niño a los brazos del Padre».

Era el «estilo de morir» en el Sagrado Corazón. Como si se tratase de un entrañable rito familiar con el que todas querían cumplir puntualmente.

Con razón pudo escribir la Madre Geoffroy a la Fundadora: «Si los caminos por los que Dios lleva a las almas son diferentes, su espíritu los marca con idéntica huella dentro de la misma familia. El sello de nuestra Socidad es el de morir en gran paz».

Así habían muerto también las compañeras de las primeras fatigas de la fundación y las personas más cercanas al corazón de la Madre Barat. Pacífica y alegre, la muerte de la Madre Duchesne, en su Misión de América. Antes, Luis Barat y el Padre Varin, los dos conductores de Magdalena Sofía. Tenía mucha gente en el cielo que la esperaba. Sería un gran triunfo.

En realidad, los santos no mueren. Siguen vivos no sólo en el recuerdo, sino también en la secreta fecundidad de su presencia espiritual.

Los tres días que el cuerpo de la Madre Barat estuvo expuesto en la casa madre, fueron su primer triunfo en la tierra. Un triunfo sonado y humilde a la vez. Los hombres más salientes de la Iglesia y de la política, y sobre todo gente humilde y sencilla, visitaron sus despojos. Los pobres que socorría sin que nadie lo supiese, los que le habían contado sus amarguras, las buenas gentes que siempre la encontraron a su alcance.

Las religiosas y las niñas del colegio se disputaban el honor de velar junto a sus restos. En su cabeza habían puesto una corona de rosas blancas. Su rostro, dormido en una dulce serenidad, y sus manos sarmentosas la asemejaban a un árbol viejo y venerable que muere cansado de dar fruto.

A los tres días, se trasladó el cuerpo a Conflans. La Madre De Charbonnel, casi ciega, recordaba las palabras de la Fundadora: «Conflans será el lugar de mi reposo». Se cumplía la profecía.

Hoy, el cuerpo de la Madre Barat no está en su primitivo enterramiento. Con el tiempo, incluso la pequeña capilla donde se depositó ha pasado a otras manos. El Seminario Menor ocupa el antiguo edificio del noviciado. Está rodeado de un amplio parque con jardines y con instalaciones deportivas. Al fondo de la finca hay una tapia. Allí empieza el dominio de la «Sociedad francesa de Electricidad» y detrás del muro está la capilla. Allí se puso una lápida que es todo un poema de admiración y de amor. Es a la vez historia y elogio de su vida. Dice así:

«AQUI DESCANSA EN LA PAZ DE CRISTO MAGDALENA SOFIA BARAT, FUNDADORA DE LA CONGREGACION DE VIRGENES DEL SAGRADO CORAZON QUE ELLA GOBERNO DURANTE 62 AÑOS CON ADMIRABLE PRUDENCIA Y SUAVIDAD. CUANTO MAS LA VIO EXTENDERSE Y PROSPERAR, TANTO MAS SE HUMILLO ATRIBUYENDOLO A DIOS UNICAMENTE. MURIO EN LA FIESTA DE LA ASCENSION DEL SEÑOR, EL 25 DE MAYO DE 1865, A LA EDAD DE 85 AÑOS, 5 MESES Y 13 DIAS».

Y el epitafio concluye con un verso latino tan bello como profundo:

Ave et vale, bona mater.
Vive in Deo, memor nostrum
Quas Divino Cordi genuisti!

JETTE

La vida de los santos anda un poco repartida entre los lugares y las cosas que ellos conocieron. Como si fuese una niebla pertinaz que se agarra a los árboles y a los tejados. O como el polvillo sutil que permanece pegado a los objetos por mucho que se sacuda. Los santos van dejando jirones de su vida acá y allá. Recorrer «sus lugares» es como resucitarlos un poco.

No se pueden andar los vericuetos de Asís sin toparse a cada paso con el dulce y encendido Francisco. Imposible transitar por las calles empedradas de Avila sin evocar en cada esquina el paso de Teresa la andariega. Ars es, de punta a punta, un álbum de recuerdos de su Cura santo. Lisieux vibra aún con la presencia espiritual de Teresita.

La santidad es un rastro. No está ni aquí ni allá, Pero está. Flota en el aire. Basta que uno quiera agarrarla para que se le escurra de entre las manos. Es como la estela que dejan los barcos, nace y se cierra en cada instante.

También la presencia de la Madre Barat está viva aún y repartida por muchos lugares. Recorrerlos es ir recomponiendo su figura. Realizar un mosaico precioso con piezas dispersas. Hay que recogerlas y ensamblarlas. La Madre Barat tuvo vocación de «peregrina» y a lo largo de sus andanzas ha dejado su recuerdo y a sí misma en siembra generosa. Cada uno de los lugares donde vivió conserva un rasgo distinto de su única santidad. Porque la santidad es así: una sola luz con muchos reflejos diversos según las cosas que va iluminando.

Joigny es la cuna de su humilde pequeñez. Amiens, el umbral de su gran obra, Grenoble, la altura desde donde despega su vuelo misionero. Poitiers, el recinto de su fecunda soledad. París y Roma, la historia de sus pasos y amarguras. Y así, el Hotel Biron, Villa Lante y Conflans. En unos sitios, Madre; en los otros, Maestra espiritual. En todos los caminos de su vida, fundadora y santa. Cada lugar conserva un gesto y un recuerdo distinto.

Pero hay un sitio que los resume todos: Jette, en las afueras de Bruselas. Aquí está toda ella entera. Está su cuerpo incorrupto. Por eso Jette es el fin obligado de esta peregrinación. Ante la urna que guarda su cuerpo cobra realidad su vida entera. No es una evocación más ni el recuerdo adormecido que hay que espabilar. Es una presencia luminosa y total. Es ella misma.

Cuando se ha caminado largamente siguiendo paso a paso sus correrías, cuando se ha rastreado su vida entera como quien busca un tesoro, llegar aquí, a Jette, es toparse con la verdad. Para el caminante, premio, reposo, estímulo y garantía, todo a la vez.

En esta urna de Jette confluyen todos los pasos y todos los senderos de su vida. Magdalena Sofía duerme en Jette el sueño de su fecundidad espiritual. Su cuerpo está intacto. Es un cuerpo de virgen y, a la vez, un cuerpo florido de madre reposando en una calma soberana. Ante él parece desfilar una larga teoría de vírgenes consagradas que la llaman Madre.

Aquí, ante el cuerpo incorrupto, se entiende aquello de que los santos son árboles de hoja perenne. Ningún invierno ha sido capaz de helar sus ramas. Ningún vendaval ha arrancado sus hojas. Parece un árbol de madera incorruptible y olorosa. Como esos árboles gigantes que hacen sombra a su sepulcro en el parque de la casa de Jette. Arboles exóticos, frondosos, altísimos.

Su cuerpo es mucho más que una reliquia. Es la garantía de una vida entera. Una presencia y una supervivencia a la vez. En realidad, la Santa sigue viva en su obra y la alienta desde esta urna de cristal donde reposa plácidamente, como sumida en un sueño profundo. Ya no es Magdalena Sofía ni la Madre Barat. Es la Santa. Llamarla de otra manera no será llamarla por su nombre. La Iglesia declaró oficialmente lo que ya estaba claro: su santidad.

Aunque estuvo enterrada en Conflans, se trasladaba a Jette en 1904 porque en Francia volvían a arreciar los vientos de la persecución religiosa y Conflans no ofrecía suficiente seguridad.

El primer reconocimiento de los restos se hizo en Conflans en 1893. La Sociedad entera supo con alegría que los restos de su Fundadora se conservaban incorruptos. Luego se trasladó a Jette y volvió a ser reconocido en 1908 antes de su Beatificación. Su camino hacia la gloria de Bernini fue ágil, airoso, como lo fue su vida. Tres Papas la llevaron de la mano a la «gloria». León XIII, en 1898, autoriza la apertura del proceso apostólico. Pío X declara la heroicidad de sus virtudes. El mismo, sólo tres años después, en 1908, venera a la Beata Madre Barat en la Basílica de San Pedro.

Un largo acompañamiento de milagros y gracias escoltó su marcha hacia el catálogo de los santos. Más de cien se examinaron para su canonización. Diecisiete años después de su Beatificación, Pío XI la elevó a la suprema cumbre de los santos. Era la misma fecha de su Beatificación: 24 de mayo y la víspera del sesenta aniversario de su muerte. Un domingo, dentro de la octava de la Ascensión, 1925. La Basílica de San Pedro y Roma entera resonaron con el triunfo de «Santa Magdalena Sofía Barat, virgen y fundadora de la

Sociedad del Sagrado Corazón de Jesús». Las voces y los aleluyas venían de todos los rincones del orbe y de esa «gran familia espiritual del Sagrado Corazón».

Entre tanto, su cuerpo intacto se trasladaba a una urna de cristal en la capilla de Jette. Ocurrió una anécdota luminosa en este traslado. Al acomodar su cuerpo, quisieron hacer que la cabeza quedase un poco inclinada a la derecha para que se pudiera contemplar más a gusto a través del cristal. Por tres veces se intentó sin conseguirlo. La cabeza volvía a la posición natural en que se encuentra hoy. Como si intentase reposar en el mayor silencio, sin querer saber nada de aplausos y alabanzas. Y, no obstante, sobre su memoria habían caído los elogios y las bendiciones como una lluvia de rosas.

Aquí, en la penumbra de esta capilla, duerme la Santa su humildad. Quizá aquí se puede leer despacio un pequeño documento que se conserva con el título: «Notas en forma de suplemento a mi Testamento». Lo escribió en abril de 1863, y lo leyó en el último Capítulo General que presidió en 1864. Lo cuentan las Actas así: «Después de dirigir a las Consultoras unas palabras que sólo su profunda humildad podían dictarle, nuestra santa Madre añadió, con esa piadosa exageración que la caracteriza cuando habla de sus actos:

> «Confío en que, después de perdonarme, las Madres que me sucederán y todos los miembros de esta querida familia del Sagrado Corazón aprovecharán mi confesión y repararán las brechas que yo lamento, redoblando el celo y trabajando por consolidar siempre más el verdadero espíritu religioso entre sus miembros, especialmente la práctica de la virtud preferida de Jesús, la humildad, y su hermana íntima, la pobreza y, en fin, la obediencia, guardiana y lazo de unión

de todas las otras y que asegurarán la prosperidad y la existencia de la Sociedad.

Tendría que pedirles oraciones, las espero de su cariño, pero me atrevo a apoyarme sobre todo en las disposiciones que leo en sus almas, de mantener, al precio de todos los sacrificios y con un celo perseverante, la fidelidad a nuestras santas Reglas; de propagar tanto como podamos el conocimiento y el amor del Corazón de Jesús, y de llegar a ser, en todos los lugares donde estemos, el buen olor de Aquel cuyo nombre llevamos, a pesar de nuestra indignidad. Será por estos medios, queridas Madres e Hijas, por los que repararán las faltas y las negligencias múltiples de su primera Madre, que les pide de nuevo perdón.

Les agradezco los cuidados que me han dado durante tanto tiempo, y si, por su misericordia, Dios se digna llamarme pronto a El, con qué ardor le pediré que las recompense. Le pido a este buen Maestro que bendiga a todas y grabe profundamente en sus almas la voluntad, la necesidad incesante de inmolarse, hasta el último suspiro, al amor del Divino Corazón de Jesús y, por El, a la salvación de las almas según el fin de nuestra vocación.

Su Madre e indigna servidora,

M. L. S. Barat».

Al día siguiente de su muerte, Mons. Parisis había comparado la vida de la Madre Barat al paso de un astro luminoso por el cielo y había dicho que se trataba de «un acontecimiento espiritual de la misma importancia que lo fueron en otras épocas las vidas de San Francisco de Asís, de Santo Domingo de Guzmán, de Santa Teresa y de Santa Catalina de Siena».

Otro prelado de la lejana América, Mons. Taché, obispo de San Bonifacio, escribía: «Los dos mejores recuerdos que guardo de mi viaje a Europa son la audiencia de Pío IX y mi conversación con la Madre Barat». Y el famoso predicador Padre De Ravignan afirmaba que la Madre Barat resumía «el verdadero genio de la época». Una de sus religiosas, a los pocos meses de su muerte, la llamaba cariñosamente «el segundo tomo de Santa Teresa».

Todos estos elogios póstumos no eran sino el eco de su fama de santidad, que venía resonando a través de los caminos de sus fundaciones.

Con ocasión de la estancia de la Madre Barat en Riedenburg, el famoso escritor Herman Joseph Müller escribió a la superiora de aquella casa: «Tenga la bondad de hacerme saber la duración de la permanencia de la venerada Fundadora entre ustedes. Aunque tenga que atravesar los Alpes a pie, iré a verla. ¿No es ella acaso la Santa Teresa de nuestro siglo?».

Pero quizá el elogio más bonito, por salir de un corazón simple y elemental como una bienaventuranza, fue el de Giorgio, el célebre cochero que llevaba a la Madre Barat en sus viajes a través de los Apeninos. Giorgio era tan áspero como aquellas montañas y, sin embargo, infantil como un niño. Le gustaba mandar a las monjas que llevaba en su diligencia. El señalaba hasta el lugar donde había que pararse para oír Misa. Su corazón fue conquistado desde el primer momento por la Madre de tal manera, que comentaba un día con las gentes de la posada: «Yo no tendría inconveniente en ir al cielo si supiese que allí me iba a encontrar gente tan buena como esta Madre».

Su fama de santidad era cosa común. En algunas aldeas de Suiza tocaban las campanas cuando llegaba «la monja santa».

En la estación de Estrasburgo se organizó a su llegada una especie de recibimiento triunfal al que se sumaron empleados y viajeros.

Roma no pudo ignorar, a la hora de sus cautelosas investigaciones, este plebiscito popular sobre la santidad de Magdalena Sofía. Su vida fue muy larga y movida, vivió en muchos lugares y conoció a mucha gente; por eso los testigos de su santidad fueron poco menos que innumerables, y la unanimidad de sus testimonios, absoluta.

El Cardenal Ferrata confesaba en 1905 que se apoyó en tres motivos para afirmar de plano la heroicidad de las virtudes de la Santa: «Lo primero, el testimonio de ciento cincuenta religiosas que convivieron con ella y atestiguaron todas al unísono los ejemplos de virtud más que corriente que habían recibido. En segundo lugar, su profunda adhesión a la Santa Sede, herencia que recibió el Instituto, y, en tercera instancia, la rápida extensión de la Sociedad, su gran influjo en la difusión del Culto al Sagrado Corazón y la unión de caridad característica en ella».

En este cuerpo humilde que yace en Jette está la raíz del árbol gigantesco, universal. Sin querer, el pensamiento se va a Joigny, a la casa del árbol de Jessé. ¿Cómo no revivir aquí la misma alegoría? Y al pensar en la inmensa multitud que se ha cobijado bajo sus ramas, viene aquello del salmo 127: «Tus hijos, como retoños de olivo alrededor de tu tronco». El árbol ha extendido sus ramas y los pájaros han venido a poblarlas en todos los rincones.

El santo papa Pío X, en la ceremonia de la proclamación de las virtudes de la Madre Barat, el 12 de febrero de 1905, escogió como tema de su homilía la parábola de la semilla: «Esta pequeña semilla —decía— es la imagen de la Iglesia. Su Fundador, bien pobre. Nació en un establo. Pasó treinta años de su vida ignorado de todos. Fue perseguido por los suyos y llevado a la cruz. Igualmente la Iglesia fue fundada sobre los Apóstoles, pobres también, pescadores, que llevaron la divina semilla por toda la tierra.

Magdalena Sofía nació en una casa humilde, de padres pobres, y durante veinte años vivió desconocida. Después, en París, se dedicó al estudio, pero, sobre todo, a la práctica de la más sólida virtud. Estableció su Instituto sin recursos y con sólo tres compañeras. Pronto aquel grano de mostaza se convirtió en un gran árbol. La semilla se multiplicó de una manera prodigiosa no sólo en París, Amiens, Grenoble, sino también en Suiza, Bélgica, Italia, Alemania y hasta América. Y a este árbol, ¿qué ingente número de almas no han venido a cobijarse?». Y añadía: «El hecho de la persecución, hijas mías, abre el ánimo a las más consoladoras esperanzas... El Señor nunca abandona y quiere que la Iglesia triunfe en medio de las persecuciones. Él conservará a vuestro Instituto la vida y la fecundidad y lo mantendrá como apoyo y adorno de la Iglesia».

Hay un rito en el Sagrado Corazón que demuestra plásticamente la continuidad y la pervivencia del espíritu primitivo en la Sociedad. Apenas un Capítulo General elige una nueva Superiora General, ésta enciende una vela que perteneció a la Santa Fundadora, y con las mismas cerillas que ella empleara.

La Madre Barat ha cambiado la fisonomía de Jette. Cuando lo compró en 1834, pertenecía al célebre barón Buenaventura, personaje del Imperio de Napoleón, que fue alto magistrado en Bruselas y era entonces alcalde de Jette. Había cuidado de que su parque lo diseñaran los mismos que trazaron el de Versalles y en él levantó el *petit Château* que aún conserva.

La Madre Barat tenía sus reparos en adquirir la propiedad que estaba considerada como un bien «negro», porque procedía de un despojo. Aquellos terrenos, y otros más aún, habían sido arrebatados a los premonstratenses de la célebre abadía de Dilligen, que jugó un papel muy importante en la historia religiosa y cultural de Brabante.

Cuando la Fundadora exponía al Cardenal Sterck sus perplejidades, él le disipó sus vacilaciones con una respuesta chispeante:

—Si es un bien negro, tanto mejor. ¡Así tendrá usted la oportunidad de convertirlo en blanco!

¡Ya lo creo que la Madre Barat lo ha convertido en blanco! Jette es hoy un puerto donde se puede anclar en el silencio y en la paz que irradia su presencia.

La Madre Hufenus, que conocía a las mil maravillas la historia de Jette y que era una exquisita guía espiritual, me hizo caer en la cuenta de que sólo a diez minutos del Sagrado Corazón se alza el famoso *Atomium*, recuerdo de la exposición internacional de Bruselas. Su estructura metálica es el símbolo de toda una época. Representa la técnica, inquietante alternativa de la destrucción o del progreso en las manos del hombre. Representa la tensión, el equilibrio precariamente sostenido, la seguridad que puede convertirse en amenaza y después en catástrofe. Es la síntesis de toda una época y quizá un «símbolo negro».

Pero casi a su sombra, reposa el cuerpo de una Santa. El cuerpo de Santa Magdalena Sofía Barat, símbolo de la incorrupción y de la paz, de la eternidad y de la luz.

¡Decididamente, un «símbolo blanco»!

ACABOSE DE IMPRIMIR ESTE VOLUMEN DE «SANTA MAGDALENA SOFIA BARAT», DE LA BIBLIOTECA DE AUTORES CRISTIANOS, EL DIA 17 DE MARZO DE 1995, FESTIVIDAD DE SAN PATRICIO, EN LA IMPRENTA RUFINO GARCIA BLANCO, AVENIDA DE PEDRO DIEZ, 3. MADRID

LAUS DEO VIRGINIQUE MATRI